Communiquer

mode d'emploi

Jean-Claude Martin

Communiquer

mode d'emploi

• MARABOUT •

Sommaire

Introduction

De vous à moi!

De vous à moi, tout savoir et tout dire sur la communication me conduirait tout droit au « terminus des prétentieux ».

Quand vous lisez le mode d'emploi de votre nouvelle machine à laver, ou de votre dernier lecteur DVD, c'est d'abord pour en connaître toutes les utilisations possibles et vous attacher ensuite à l'utilisation spécifique que vous souhaitez en faire pour répondre à vos propres besoins.

Tout le monde a besoin de laver son linge sale (même en famille), et tout le monde écoute de la musique (à part quelques sourds peut-être!). Vous ne demandez pas à votre machine à laver de vous passer le dernier disque à la mode et à votre lecteur DVD de laver votre linge…

Il en va de même avec ce mode d'emploi. Nous vous donnons ici les méthodes et les outils à mettre en œuvre pour mieux communiquer dans le domaine spécifique de la communication orale et interactive.

Nous avons choisi de vous aider sur les programmes de cette communication que vous pratiquez le plus couramment: « nous communiquons… le veuille ou non, les communications non verbales, le jeu de dire, l'entretien, le face public, les réunions et le débat ».

Un mode d'emploi doit être facile à comprendre, simple à utiliser et surtout pratique dans sa mise en œuvre. C'est sur ces principes-là que nous avons bâti ce livre.

Bien communiquer: un réel pouvoir

Le savoir-dire, le savoir-communiquer, le savoir-convaincre ne sont souvent réservés qu'à une petite minorité de bons ou de beaux parleurs et ce savoir-là va bien au-delà du simple effet de style. Il donne à certains la faculté d'être écoutés, admirés, suivis. Ce n'est plus simplement un savoir, c'est un réel pouvoir!

« L'aura », « le charisme », « le don », tous ces attributs un peu flous que tout un chacun colle béatement sur telle ou telle personnalité ne sont souvent que le résultat d'un apprentissage. Tout au plus peut-on reconnaître que certains sont plus extravertis que d'autres, plus sensibilisés que d'autres. En fin de compte, c'est le savoir-faire qui fait la différence, et le savoir-faire, cela s'apprend.

Depuis vingt ans, nous façonnons des techniques que nous enseignons aux dirigeants de société. Depuis vingt ans, nous les aidons à améliorer ce pouvoir qui fait partie de leurs besoins professionnels de chefs et de leaders. Les dirigeants seraient-ils les seuls à réclamer ce besoin de convaincre, de faire partager, de motiver? Et puis, qui dirige qui?

Nous mettons nos techniques au service de tous parce qu'elles ne sont pas secrètes, qu'elles sont simples et qu'elles peuvent être utiles, tant dans votre vie quotidienne, que dans votre vie professionnelle. Notre méthode se nourrit de notre triple expérience de comédien professionnel pendant vingt ans au théâtre, comme au cinéma et à la T.V., de formateur de dirigeants et de celle de chercheur, chargé de cours de communication à l'université de Provence. Trois facettes pour un meilleur éclairage.

Et puis, tout à fait entre nous, nous préférons partager directement avec vous notre savoir-faire et nos méthodes que de les voir reproduits et singés comme ils le sont par des copistes sans talent.

La démarche « Personnalité »

Nous ne nous sommes pas enfermés dans un laboratoire obscur pour créer, par une alchimie secrète, un élixir du bon communicant. Nous avons pendant des années regardé, écouté, entendu pour comprendre avec une seule ambition, un seul objectif: faire cohabiter, sans complaisance, technique et naturel, travail et spontanéité, fond et forme…

Apprendre « à bien parler »: non! Savoir « bien communiquer »: oui!
Nous n'envisageons pas ici de toucher au fond, nous ne parlons que de technique, de forme. Nous vous proposons le paquet cadeau, l'art et la manière de valoriser le contenu par le contenant. Ce que vous voulez mettre dans ce paquet cadeau, ce sera votre affaire.

Une méthodologie claire

- Pour être réellement acquis, tout savoir passe par une prise de conscience. Nous avons d'abord identifié, un par un, les divers éléments constitutifs de la communication en les resituant dans leur contexte spécifique. C'est pourquoi notre méthode est analytique.
- Ensuite, nous en avons évalué les impacts respectifs pour que notre méthode soit logique.
- Enfin, nous vous proposons les outils qui optimiseront chacun d'eux.

Pour mettre en œuvre ces outils, des exercices pratiques contribuent à l'apprentissage sans lequel tout savoir ne reste pavé que de « bonnes intentions ». Notre méthodologie est donc rationnelle.

MODE D'EMPLOI

Vous pouvez utiliser cet ouvrage selon quatre niveaux différents.

• Une prise de conscience
pour progresser par le savoir.
• Une méthode
pour progresser par la technique.
• Un guide d'apprentissage
pour progresser par la pratique.
• Un pense-bête
pour progresser par besoins ponctuels.

Choisissez, selon vos besoins, dans cette panoplie de moyens.
Ayez les exigences d'un réel perfectionnement.
Nous donnons des outils à tous, pour que chacun les utilise différemment.

Nourrir sa personnalité
pour mieux marquer sa différence.

Nous communiquons… le veuille ou non !

Tu parles!

Vous parlez… Discussions privées, discussions de groupe, rapports, exposés, synthèses, discours publics… Engueulades, confidences, déclarations d'amour ou d'intention… Il y en a même qui parlent tout seuls…

Vous parlez à votre chef, à votre subordonné, à vos collaborateurs, à votre alter ego, à vos clients, à votre médecin, au guichetier de l'administration qui ne vous répond pas, à vos enfants, vous répondez à votre femme et vous écoutez votre concierge!…

Vous communiquez!

Vous parlez haut, vous dites doucement, vous criez fort, vous hurlez dans la colère, vous chuchotez un secret, vous soupirez de lassitude, vous bafouillez de timidité, vous toussez quand vous avez une bronchite, vous borborygmez parce que vous avez une faim de loup…

Vous communiquez!

Vous tendez le pouce pour faire du stop; pour dire « ciseaux », vous écartez et refermez l'index et le majeur; pour indiquer le chemin, vous tendez le bras et la main; pour menacer, vous agitez fortement l'index comme un bâton; quand vous ne savez pas, vous restez bras ballants, paumes de mains ouvertes; vous tirez la langue parce que c'est difficile et quand vous franchissez la ligne en vainqueur, vous levez les bras au ciel…

Vous communiquez!

Et puis, vous ne dites rien! Vous vous taisez, vous restez coi, muet comme une carpe. Vous ne soufflez mot. Vous refusez de communiquer? Mais, refuser de communiquer, c'est encore communiquer, puisque c'est communiquer son refus… de communiquer! C'est clair?

Vous communiquez encore!

L'image gagnante!

Lors du premier débat politique télévisé aux États-Unis entre Nixon et Kennedy (celui qui décida de tout puisque les sondages ne bougeraient plus), on constata que ceux qui avaient suivi le débat à la radio donnaient largement Nixon gagnant, alors que ceux qui avaient vu le débat à la télévision plébiscitaient largement Kennedy. Les mêmes mots, mais pas les mêmes canaux de perception!

Quand on regarde les images télévisées de ce débat, on comprend bien la raison de ce décalage: Nixon s'était présenté le visage fatigué, les trait tirés, il paraissait mal rasé dans un costume triste et... il transpirait! Kennedy, au contraire, avait l'air frais comme un gardon en costume clair... et ne transpirait pas!

Kennedy gagna! Il y eut sans doute plus de téléspectateurs votants que d'auditeurs!

Communiquer, c'est quoi?

Quelle que soit la figure délibérément choisie ou ponctuellement imposée, le simple fait d'être là nous inclut dans le phénomène communicatif. Contrairement aux idées reçues, le schéma « émetteur - récepteur » ne veut pas dire grand-chose. Il serait déjà plus juste sous la forme « récepteur - émetteur - récepteur ». Plus juste mais encore insuffisant.

Nous réceptionnons d'abord

La personnalité de chacun de nous se développe à travers nos traditions, notre héritage du passé, nos expériences vécues, notre culture, notre environnement. Ce que nous faisons, nous l'avons d'abord « réceptionné », nous l'interprétons ensuite pour l'émettre sous sa forme nouvelle vers de nouveaux récepteurs. Nous nous adaptons aux situations présentes par référence aux situations passées. La communication agit par ricochet.

Mieux encore, nous agissons simultanément, nous sommes en interaction continue.

Mime par nature, l'homme est à la fois miroir et écho: miroir de ce qu'il a vu et voit, écho de ce qu'il a entendu et entend.

Au commencement était le geste

Le comportement physique (kinésique) est à la base de notre évolution. Avant même d'utiliser le verbe, c'est par le jeu mimique que l'homme a transmis ses acquis. L'hominidé a dû se démarquer des autres primates par ses talents de copiste-mimeur-créateur. D'où lui vient ce talent? Quel a été le déclic dans le cours du temps qui lui donna cette faculté d'imiter?

Nul ne peut répondre précisément à ces questions. La théorie darwinienne n'explique pas tout. L'homme ne s'est pas contenté de recevoir et de transmettre par instinct ou par nécessité d'adaptation. Un beau jour, il a interprété l'acquis, l'a transformé, modifié, avant de le retransmettre. Il continue!

Nous vivons dans un système référentiel fait de rites divers. Nous devons nous y adapter sous peine d'être hors jeu. Ces rites sont avant tout comportementaux. C'est par nos expressions, nos postures, nos manifestations kinésiques que nous entrons d'abord en communication. Mais à l'intérieur de ces rites, nos figures gestuelles s'articulent selon notre ressenti, nos besoins, notre culture personnelle. Là est la différence, là est notre sortie du déterminisme, là est notre identité, là est notre différence.

Et l'homme découvrit le verbe!

Il y a les mots... Je vous connais! Pour parler, vous avez dû commencer par « areu areu » comme tout le monde, puis vous êtes passé par le b.a.-ba jusqu'au grand jour où vous avez enfin bredouillé un « maman » ou un « papa » qui gonfla de bonheur et de fierté le cœur de vos parents.

Le sens des mots

Depuis, vous avez arpenté le difficile chemin des mots, vous avez affiné votre articulation, votre vocabulaire s'est enrichi de locutions quotidiennes, de termes techniques, vous avez même peut-être appris à les dire en langues étrangères. Et vous pouvez prouver aujourd'hui par a + b que votre b.a.-ba n'est plus celui d'un béotien. Vous ne vous contentez pas de répéter des mots, vous leur donnez un sens. Mais le sens des mots n'a de sens que celui que lui donne votre interlocuteur.

Si je vous dis le mot « ceinture » et le mot « bretelle », je suis persuadé que vous pensez d'abord à « pantalon »...

Mais si je vous dis: « J'ai pris la grande ceinture par la bretelle et je suis tombé dans un embouteillage... », vous ne vous dites pas: « Qu'est-ce qu'il faisait avec une grande ceinture et une bretelle dans une bouteille? »

Le halo des mots

Le mot « service » n'évoque pas la même action pour un garçon de café ou pour un champion de tennis, et le « panier » de la ménagère n'a rien à voir avec le panier de basket. Le sens des mots est évocatoire. Nous le connotons et notre interlocuteur fait de même. Plus le code de communication correspond à celui de notre interlocuteur, mieux le message passera.

Le mot « rosette » porte en lui le signifiant de « petite rose »! Et pourtant? Par référence à ce que nous avons réceptionné dans notre vécu, il évoquera pour chacun de nous un ornement de broderie ou de sculpture, une décoration au revers d'un veston, un saucisson de Lyon, la Pierre de Rosette, un nœud de lacets de chaussure, un prénom... La résonance qu'il aura sur la brodeuse, le futur officier de la Légion d'honneur, le Lyonnais, l'archéologue, le cordonnier ou l'éleveur de bétail qui possède une vache du même nom, sera différente.

Le sens strict des mots? Allons donc!

« Hier, nous étions dans un 4 étoiles, il y avait de la rosette en entrée! » a peu de chance d'être perçu comme: « Ils étaient dans quatre planètes et ils ont mangé des décorations dans le hall. »

Mais c'est bien le ton, l'inflexion de la voix, son sourire ou sa grimace et sa gestuelle, qui me feront comprendre que mon interlocuteur aime ou n'aime pas ce saucisson, que pour un 4 étoiles c'est un peu juste, ou qu'au contraire, dans un tel hôtel, la rosette était excellente.

En écho, vous réagissez vous aussi avec votre vécu: vous aimez la rosette ou pas, vous salivez ou pas! Vous hochez la tête, vous souriez ou vous grimacez, vous partagez ses impressions ou pas.

Le pauvre homme!

● « J'ai passé une drôle de journée ! » dit Monsieur Durand d'une voix alerte et souriante, le visage haut, les yeux pétillants, le geste ouvert.
Monsieur Dupont aurait bien aimé passer cette journée-là avec lui.

● « J'ai passé une drôle de journée! » dit Monsieur Durand en soufflant d'une voix triste, la tête dans les épaules, avec une mine de six pans de long, les bras tombants...
Monsieur Dupont est bien content de ne pas avoir passé cette journée-là avec lui. Ç'a dû être galère!

« La question est de savoir, dit Alice, si vous pouvez faire que les mêmes mots signifient tant de choses différentes. »

L. Carroll

Communiquer: un jeu subtil

Nous recevons beaucoup plus d'informations par la manière dont on nous présente les mots que par leur sens propre.

Nos intonations sont le reflet de nos intentions

Mieux encore, la façon dont on va vous dire les mots vous permettra de découvrir l'état affectif de celui qui vous parle, même s'il ne s'agit que de raconter un fait: « Le professeur Machin nous a fait un cours sur le civisme pendant deux heures. » Vous n'avez pas besoin de demander à votre fille si le cours l'a intéressée ou pas, le ton qu'elle y a mis, la mimique qu'elle a faite vous ont appris tout de suite que cela l'a ennuyée profondément...
Il vous est certainement arrivé de téléphoner à un ami à qui vous demandez: « Ça va? » et qui vous a répondu: « Ça va! » Pourtant, aussitôt, vous avez ajouté: « Oh, ça va pas, toi! » Et même s'il a tenté de vous donner le change en répondant: « Si! si! ça va! », il a répondu trop vite, sa voix n'est pas habituelle, moins forte, plus grave... et vous n'avez pas cru à son « si si ça va! ». Vous avez insisté et vous vous êtes aperçu que vous aviez raison. « Oui! bon c'est vrai j'ai des ennuis... »
La signification du mot comme du geste passe donc par deux modes de sens: le référentiel et l'évocatoire. Prendre conscience de ces deux phénomènes nous paraît essentiel car, finalement, le but recherché est bien de satisfaire tout à la fois aux exigences de l'informationnel et du relationnel pour un véritable échange.

La forme et le fond

Ces deux aspects nous font comprendre l'importance des éléments irrationnels qui influencent nos communications. Ces éléments irrationnels n'étant pas des facteurs de fond du message émis, on les définit trop souvent de façon un peu archaïque par le terme de « formes ». Pourtant, le fond, n'est-ce pas ce qui est dans le ressenti des acteurs de la relation? Nous écrivons *formes* au pluriel, car il s'agit bien de faire adhérer la forme aux communications les plus diverses, modulées et modulables dans des situations différentes par leurs contextes, leurs environnements, leurs exigences et leurs caractères émotionnels.
C'est le choix du canal de communication qui me permettra d'adapter au mieux mon message à la situation comme à mon objectif.

Quels types de communication?

Si communiquer, c'est être en relation, les vases communicants « communiquent » et c'est très simple! Si communiquer, c'est mettre en commun des informations reçues, émises, transmises, codées, décodées et interprétées, les hommes communiquent et c'est beaucoup plus compliqué!

La communication consommatoire

Je saisis une assiette brûlante et je crie. Que je sois seul ou pas. C'est l'information émise sans souci de transmission. Elle ne prend en compte que l'état de l'émetteur.

La communication incidente

Je saisis une assiette brûlante et je crie. La personne qui est avec moi apprend ainsi que l'assiette est très chaude (et par la même occasion, elle interprète peut-être que je suis douillet!). C'est l'information parallèle donnée sans s'en rendre compte. Elle va modifier sa façon de prendre la sienne.

Le non-verbal, le paralangage, l'expression corporelle nous renseignent souvent sur ce que les autres sont à leur insu: leurs motivations, leurs réactions, leur statut et parfois même ce qu'ils voudraient nous cacher.

La communication instrumentale

Je saisis une assiette et je préviens: « Vous ferez attention. Les assiettes sont brûlantes. » C'est l'information volontairement transmise. Elle vise un objectif et un effet déterminé. Elle implique la relation interactive.

Ces trois types de communication entrent dans notre communication. Nous ne maîtrisons donc qu'une partie de l'information que nous voulons transmettre (instrumentale).

Trois communications en une, c'est pas du gâteau!

C'est bien là le problème. Il nous est très difficile de compartimenter ces trois types de communication. L'état affectif et personnel de la communication consommatoire vient parasiter sans que nous en soyons toujours conscients notre communication instrumentale voulue et crée par là même une communication incidente interprétée par l'autre.

La communication « à côté » serait-elle plus efficace?

Une expérimentation (Allyn et Festinger) semble prouver que l'argumentation incidente est plus efficace pour faire changer les autres d'opinion. Lors d'une conférence contre les jeunes automobilistes, il fut demandé à un groupe d'étudiants de bien écouter l'orateur, afin de pouvoir répondre par la suite aux questions sur l'exposé. Au deuxième groupe, il fut demandé de bien écouter l'orateur, pour répondre ensuite à des questions sur la personnalité de celui-ci. Le deuxième groupe accepta plus facilement et de façon significative les arguments de l'orateur que le premier.

On peut penser que les étudiants du premier groupe, pour satisfaire à la consigne, se sont focalisés sur l'exposé en préparant des objections, alors que ceux du second groupe, plus attachés à l'orateur, sont devenus plus perméables à son opinion, parce que centrés sur un autre objectif.

Nos capteurs relationnels nous informent

● **Dimension:** plus le volume des choses qui nous environnent est important, plus nous le remarquons.
- « Voilà un homme qui a de l'envergure! »

● **Intensité:** plus un bruit est fort, plus il attire notre attention. Plus une luminosité est intense, mieux elle est perçue par l'œil.
- « Voilà un homme qui rayonne! »

● **Répétition:** nous mémorisons mieux ce qui est dit ou fait plusieurs fois.
- « Voilà un homme qui sait ce qu'il veut! »

● **Contraste:** un gris sur gris sera difficilement perçu. Un rythme n'existe que par rapport à un autre rythme. C'est par contraste que les choses existent mieux.
- « Voilà un homme expressif! »

● **Originalité:** ce qui nous surprend attise bien mieux notre intérêt que le banal quotidien.
- « Voilà un homme qui a une forte personnalité! »

● **Mouvement:** le mouvement capte notre attention bien mieux que l'immobilisme.
- « Voilà un homme vivant! »

Nos capteurs d'interaction

Il ne peut y avoir communication que dans une situation d'interaction, c'est-à-dire « d'inter-réaction ». Cette situation engage nécessairement le processus tout naturel de la perception.

Celui ou ceux à qui nous nous adressons nous perçoivent globalement et nous étiquettent, en nous affublant ouvertement ou pas de qualificatifs qui vont conditionner nos relations.
Bien sûr, les facteurs de perception ne s'en tiennent pas aux facteurs spécifiquement sensoriels, mais c'est pourtant bien en partant de ces capteurs que vont se forger nos impressions.

Notre communication interactive

- Elle est conditionnée par nos processus de perception.
- Elle est partie intégrante de notre environnement.
- Elle doit s'adapter aux circonstances.
- Elle véhicule des valeurs qui vont façonner nos attitudes.

Les quelques constats qui suivent sont donc des éléments essentiels dans la relation interactive. Ils vont justifier notre démarche tout au long de cet ouvrage, dans sa quête du savoir-faire et du savoir-dire.

Nos capteurs d'interaction

Il ne peut y avoir communication que dans une situation d'interaction, j'allais dire « d'inter-réaction ». Cette situation engage nécessairement le processus tout naturel de la perception.
Celui ou ceux à qui nous nous adressons nous perçoivent globalement et nous étiquettent, en nous affublant ouvertement ou pas de qualificatifs qui vont conditionner nos relations.
Bien sûr, les facteurs de perception ne s'en tiennent pas aux facteurs spécifiquement sensoriels, mais c'est pourtant bien en partant de ces capteurs que vont se forger nos impressions.

D. (dimension) **I.** (intensité) **R.** (répétition)
C. (contraste) **O.** (originalité) **M.** (mouvement)

Le D.I.R. C.O.M. communique bien!

Bien communiquer, c'est d'abord écouter

« Écouter, c'est encore ce qu'il y a de mieux pour bien entendre » dit Figaro dans *Le barbier de Séville* de Beaumarchais.

« J'entends bien ce que vous dites »

Cette citation donne à l'écoute sa valeur d'acte volontaire. Le « bien entendre » est pris ici dans le sens d'entendement, de compréhension.

Mais on entend souvent sans le vouloir, c'est-à-dire sans avoir écouté. La moto qui vient de pétarader à côté de vous, vous l'avez entendue alors que vous n'étiez pas prêt à l'écouter!

Entendre peut être passif. Écouter doit être actif

L'écoute active est certainement ce qui nous manque le plus pour une bonne communication. Et pourtant, c'est bien par l'écoute que débute le phénomène communicatif puisque, nous l'avons dit, nous sommes d'abord récepteurs de naissance avant de devenir transmetteurs.

« Laissez de l'espace à l'autre, même lorsque c'est vous qui parlez » dit l'homme de radio Hubert Thébault. La plupart du temps, nous l'écoutons en forgeant déjà notre réponse ou ce que nous pourrions y ajouter. Et quand nous parlons, nous ne nous occupons que de notre champ de réflexion, pas du sien. Les journalistes sont coutumiers du fait: ils ont déjà préparé leurs questions et attendent le moindre de vos silences pour bondir sur la question suivante.

Le cours de vos pensées peut créer un parasitage: un bruit!

Le « bruit » en communication

On appelle bruit tout élément perturbateur parasite de l'écoute et, par conséquent, d'une bonne transmission de message. Un tic verbal, un geste sont des « bruits » au même titre que la pensée interférante, le manque d'attention ou le chien qui aboie dans la rue.

Le récepteur n'entend pas tout ce qu'on lui dit puisqu'il sélectionne. C'est parce que nous nous sommes fait trop rapidement une opinion de l'autre, que nous interprétons d'autant plus les sous-entendus et anticipons sur ce qu'il veut réellement nous dire.

Une mauvaise écoute provoquera des évaluations hâtives, des distorsions de message, des évaluations superficielles et des conclusions fausses.

Mon professeur avait des parasites

Je me souviens d'un professeur d'histoire et géographie qui avait la manie de tirer la langue dès qu'il réfléchissait. Nous passions notre temps à compter le nombre de fois qu'il le faisait pendant ses cours. Nous n'écoutions plus ce qu'il disait.

Qui n'a pas eu, durant sa scolarité, un professeur qui parasitait son message par des tics visuels ou verbaux?

Et les mots parasites? Je me souviens de ce prof de physique-chimie qui, à tout bout de champ, répétait: « Toutes choses étant égales par ailleurs... »

Certains d'entre nous (je pense que je faisais partie du lot!) s'amusaient dans leurs réponses à le singer en plaçant le fameux « toutes choses étant égales par ailleurs... ». Je crois bien qu'il ne s'en est jamais aperçu. C'est bien le problème! Nous n'avons pas toujours conscience du parasitage que nous imposons à nos propres messages.

Des pensées qui vagabondent

Votre cerveau est capable de traiter 800 mots à la minute. Le plus rapide de vos interlocuteurs n'atteint pas 240 mots minute. Votre esprit a le temps de vagabonder… et il ne s'en prive pas. Un mot, par la simple évocation qu'il provoque chez vous, peut faire dévier la pensée vers d'autres préoccupations. « La nature nous a donné deux oreilles et une seule bouche afin que nous écoutions deux fois plus que nous ne parlons! »
L'écoute est si fragile qu'il lui faut « une oreille attentive » et « une oreille fine ».

Je pratique une écoute active

- **Je le regarde pour lui faire savoir que je l'écoute.**
- **Je reformule pour lui permettre de recadrer ou de valider.**
- **Je reste curieux de lui et de ce qu'il dit.**
- **Je pose des questions sans que ce soit systématique.**
- **Je cherche à le comprendre sans l'évaluer.**

Écouter le dit et le non-dit

Pour celui qui vous écoute, le plus perturbateur des parasites sera donc votre propre prestation.

Votre comportement fait du bruit

Votre manière de dire, l'impression de malaise ou de difficulté que vous faites passer à votre insu, votre mal vécu, le manque de conviction… et tant d'autres comportements périphériques qui créent chez votre interlocuteur des détournements d'attention qui vous desservent. Si, au contraire, vous avez l'air à l'aise, calme et serein, si vous utilisez les moyens qui renforcent ce que vous dites, votre prestation fera effectivement du bruit Mais cette fois-ci, dans le bon sens du terme! On se souviendra de vous!

Votre oreille est sélective

Vous entrez avec votre petite amie dans une brasserie bruyante et vous vous dites aussitôt: « on ne va pas s'entendre », vous qui souhaitiez une relation intime! Pourtant, sans vous en apercevoir, vous arrivez très vite à ne plus entendre qu'elle… Et ce n'est que si vous décidez d'écouter « la table à côté » que vous vous rendez compte que vous pouvez suivre toutes leurs conversations. L'écoute est donc bien un acte volontaire sur lequel nous pouvons agir.

Ce qu'il me dit

Celui qui me parle me dit des choses. Ces choses-là sont passées au filtre de son autocensure. Pour qu'il soit le plus authentique possible, je dois lui montrer mon intérêt en l'aidant à s'exprimer.
L'aider à s'exprimer ne veut pas dire m'exprimer à sa place!
Attention! Poser des questions ne veut pas dire le faire « passer à la question ». Nous verrons dans les chapitres consacrés à l'entretien et au débat que chaque type de question correspond à une situation, que la manière et le moment propice pour les poser sont importants, mais aussi que les attitudes d'écoute engendrent des comportements bloquants souvent insoupçonnés.

… Et ce qu'il ne me dit pas

Nous ne pouvons jamais dire exactement le fond de notre pensée. Les mots n'ont pas suffisamment de vertu, ils sont trop pauvres. Entendre avec la seconde écoute, c'est s'attacher à la périphérie du message central, c'est entendre le paralangage, le message sous le message, c'est se centrer sur l'autre pour faire de l'empathie. Que dit-il en réalité?
C'est bien souvent par des onomatopées, des « oui », des « ah? » des « et alors? », des rires et des sourires que vous aiderez la communication de celui qui vous parle et, par là même, votre propre communication.

Regarder pour entendre

Le rôle du non-verbal est capital dans nos relations aux autres. Il a une place privilégiée, puisque la première étape d'une communication, quelle qu'elle soit, c'est d'abord de voir et d'être vu.

Vos yeux aussi ont des oreilles

Point n'est besoin d'être « gestuologue » pour donner des signifiants à ce que nous voyons. Par mimétisme et par analogie, nous comprenons une foultitude de comportements corporels, de postures, de gestuelles, de mimiques, etc.

Le mouvement dont nous parlons dans le chapitre « perception » est le reflet de la vie. À quel moment un homme est-il parfaitement immobile? Quand il est mort!

Être vivant, c'est être animé. Ces gestes, ces comportements qui sont les nôtres vont eux aussi s'adapter aux circonstances, à l'environnement: on ne fait pas les mêmes types de gestes dans un enterrement et dans une fête foraine. Notre visage reflète des émotions. Nos comportements corporels expriment des sensations, des sentiments qu'ils rendent visibles.

> Il ne suffit pas d'écouter,
> encore faut-il regarder pour montrer à l'autre qu'on l'écoute.

Le regard est un geste

Combien de fois dites-vous dans votre vie quotidienne: « Ça n'a pas l'air d'aller aujourd'hui! » ou « Tu as l'air en pleine forme! », « J'ai l'impression que… »? Votre récepteur visuel vous informe. Encore faut-il que vous regardiez. Si votre œil est ailleurs, vous vous privez de nombre d'informations que vous pourriez récolter en direct.

Nous reparlerons naturellement du regard dans le chapitre consacré au visage, mais n'oubliez pas d'ores et déjà que c'est un facteur d'écoute aussi puissant que les oreilles.

Encore faut-il savoir « que » regarder pour mieux décrypter ce que nous appellerons les « marqueurs kinésiques » et les « signifiants gestuels ».

Le regard: un geste qui touche à distance

J'ai toujours été étonné de constater que, même installé très loin de la scène, au dernier balcon du plus grand des théâtres, alors qu'il est impossible de voir réellement les yeux des acteurs, on perçoit très bien leur regard. L'oreille n'est efficace que jusqu'à une soixantaine de mètres, le regard, lui, peut porter jusqu'à 1 500 mètres. Mais il est moins sélectif, puisque nous avons une vision périphérique dont il nous est impossible de nous défaire. Elle est souvent bien utile d'ailleurs.

Constatez vous-même!

En lisant le texte d'illustration ci-contre, vous devez pouvoir découvrir les éléments les plus significatifs d'une bonne écoute.

- **L'écoute prend nécessairement sa source dans le silence. Notez comment le personnage rend ces silences pleins et participatifs.**
- **L'écoute passe aussi par le regard que l'on porte sur l'autre. C'est le signe d'une attention bienveillante. Voyez comment le personnage régule la conversation qui se déroule.**
- **L'écoute active va passer aussi par quelques éléments de relance. Analysez-les. Quels mots utilise-t-il? Comment prolonge-t-il la discussion?**
- **Écouter, c'est aussi faire des synthèses. Quelles sont les qualités qui définissent la synthèse faite par le personnage?**

Texte d'apprentissage

À bon entendeur, salut!

Les autres bataillaient sur des points de détail.
Lui, dans un premier temps, ne faisait qu'écouter.
C'étaient des « oui », des « non » et des « je pense que », des points de vue d'ici, des opinions d'ailleurs, et chacun d'essayer d'imposer ses raisons.
Mais lui ne pipait mot, surtout n'imposait rien. Parfois, il souriait d'un air sous-entendu, ou bien il opinait d'un chef dubitatif.
Ses regards constamment régulaient nos paroles.
Pour nous qui le guettions toujours du coin de l'œil, ces indices précieux, nous les interprétions. Son non-verbal était plus puissant que nos mots et la conversation repartait enrichie de ces « je ne sais quoi » qui donnent de l'esprit.
Quand parfois l'un de nous posait une question, il répondait souvent par une autre question et la réponse alors s'imposait d'elle-même.
C'est avec des « pourquoi? », des « ah bon! », des « comment? », qu'il savait engrosser les pensées fugitives.
De la question-relais à la question-miroir, de l'investigation jusqu'à l'alternative, il pouvait éclaircir l'argument le plus flou et faire d'une idée, somme toute un peu faible, un magnifique et grand sujet de réflexion.

Soudain (c'était pour nous l'indication majeure), il mordillait un peu sa lèvre supérieure. Cela ne trompait pas: il allait nous parler. Il se levait alors et, sur le tableau blanc, au feutre de couleur, il traçait quelques mots qu'aussitôt nous notions avec application. Son commentaire était toujours court et précis. Reprenant les pensées qu'on venait d'effleurer, il construisait un puzzle et donnait de la chair aux bulles de savon qu'on envoyait en l'air.

Avant de terminer, il faisait la synthèse et tout apparaissait lumineusement clair, car il avait ce don d'expliquer simplement ce que nous avions eu tant de mal à comprendre. Quand nous nous séparions, nous avions tous en nous l'étonnant sentiment, la curieuse impression, d'avoir un peu grandi pendant la réunion.
Sa manière de faire était un peu sorcière.
Il avait l'art de rendre les autres intelligents.

La transmission du message

Un message n'existe que dans sa réception. Les spécialistes en communication s'accordent à reconnaître qu'en interaction, plus de 70 % du message passent par le relationnel, c'est-à-dire par tous les éléments paraverbaux et comportementaux. Ce qu'il restera d'une communication, ce sera l'impression générale, la crédibilité, la sympathie, l'énergie, la conviction, etc.

« L'émetteur clandestin! »: non!

Combien de personnes disent « je l'ai dit » et s'étonnent de ne pas avoir été entendues et comprises. Elles ne mettent l'accent que sur la seule émission du message et pensent bien souvent que le fait de l'avoir dit les met à l'abri de toute critique. Elles oublient que, si le message est mal passé, cela relève d'abord de leur propre responsabilité. Elles n'attendent pas de réponse. Dans cette situation de communication strictement à sens unique, si les mots choisis n'ont pas été bons pour l'autre, le comportement mal adapté, la cible est manquée.

« Terminé à vous! »: non!

« Laissez-moi finir de parler, après ce sera à vous! » La communication serait alors une sorte de jeu de ping-pong, où l'on se renverrait la balle à tour de rôle. Cela signifie que nous serions émetteur, puis récepteur et à nouveau émetteur... ainsi de suite. Le processus d'une telle communication tendrait à faire croire que la communication est linéaire: je parle, on me répond, je réponds, on me parle, etc.

« Ne coupez pas! »: oui!

La communication est ici interdépendante. L'émetteur est à la fois récepteur et le récepteur, émetteur. Les réponses sont simultanées. Et c'est bien ici que se situe la véritable communication. Nous sommes à la fois cause et effet. C'est à ce type de communication que nous nous attachons.
La théorie de la transaction implique la communication dans sa globalité verbale et non verbale.

Code de transmission digital ou analogique?

La P. N. L. (Programmation Neuro-Linguistique) emploie le terme de code « digital » lorsqu'il n'y a pas de lien direct entre le code et la chose communiquée: le mot « livre » désigne la chose de façon arbitraire. Le terme « analogique », au contraire, concerne les codes en rapport direct avec l'objet de la communication: un dessin, une photo, un geste...

Petite histoire de dictons sur des oreilles qui n'en pensent pas moins

Quand on lui glissa une telle énormité dans le creux de l'oreille, il n'en crut d'abord pas ses oreilles, mais cela lui avait tout de même mis la puce à l'oreille. Alors, il prêta une oreille plus attentive, ce qui eut pour effet de lui échauffer bougrement les oreilles.
Il prenait conscience que, si ce qui se disait de bouche à oreille venait aux oreilles du ministre dont il avait l'oreille, il risquait de se faire sacrément tirer l'oreille. Pour certains, cela rentrerait par une oreille et ressortirait par l'autre, mais pour d'autres, cela ne tomberait pas dans les oreilles de sourds.
Pour sa part, il ne l'entendait pas de cette oreille. On lui rebattait les oreilles, soit! Il décida de faire la sourde oreille. Il alla se coucher sans manger et ne put dormir sur ses deux oreilles: « Ventre affamé n'a pas d'oreille! »

Que reste-t-il de ce que vous dites?

D'une manière générale, sur un message que nous connaîtrions à 100 %:

- nous n'en passons que 80 %,

- notre interlocuteur n'en entend que 60 %,

- n'en comprend que 40 %,

- et n'est capable d'en restituer que 20 %...

Et avec le temps, va, tout...

Même si ces chiffres conventionnels sont donnés « à la louche » et seulement pour une transmission descendante de 15 minutes, sans réelle interaction, ils marquent bien la difficulté d'un bon passage de message. Car le temps, la mémoire, l'interprétation viendront encore modifier, transformer et faire des rajouts à cette transmission. Et l'on comprend aisément comment vont naître les rumeurs, les fausses nouvelles, les déformations en tout genre et pourquoi vous vous écriez parfois: « J'ai dit ça moi ? Moi ? J'ai dit ça ??? Et quand??? »

Communiquer pour informer

La bonne émission d'un bon message passe par quatre qualités incontournables.

L'entropie: des informations originales

C'est le nombre d'informations contenues dans le message. Plus il y a d'informations dans un message, plus on dit qu'il est « entropique ». Attention! Il n'y a d'information que d'information nouvelle. Dire à quelqu'un « nous sommes aujourd'hui le 7 octobre » n'est informatif que si la personne ne connaît pas la date du jour.

La qualité d'une information repose donc sur son originalité. Plus une information est inattendue, plus elle est forte. Plus une information est construite de mots « pleins », plus elle est de qualité: « je lis beaucoup » n'apporte pas de réelles informations, « je lis un livre par semaine » devient informatif.

Information: les nouveaux numéros gagnants du Loto sont le 23, le 3, numéro complémentaire le 22, et les numéros 47, 25, 45, 1.

Ce message est bourré d'entropie, puisque chaque chiffre est une information. Est-il facilement perçu et compris? Non! L'entropie ne suffit pas! Les chiffres sont mal organisés.

La lisibilité: des informations organisées

Pour faciliter sa compréhension, l'information doit s'organiser afin d'être référencée selon des critères culturels connus du récepteur. Le message doit être intelligible dans son codage et logique dans son organisation.

Le message passera d'autant mieux qu'il sera hiérarchisé selon un système référentiel commun. Sa perception en sera facilitée par toute analogie intégrée dans le passé personnel du récepteur.

Information: les numéros gagnants du Loto sont le 1, le 3, le 23, le 25, le 45, et le 47. Le numéro complémentaire est le 22.

Il s'agit bien du même message, mais il est organisé par des chiffres allant du plus petit au plus grand. Son système de référence remonte au temps où nous avons appris à compter. Il est restructuré, puisque le numéro complémentaire n'est plus noyé dans les autres numéros. Ce message sera plus facilement compris et mémorisé que le premier.

Par référence, il le sera encore davantage si vous vous appuyez sur une analogie: vous êtes né un 1er mars (1 et 3) vous avez deux frères de 23 et 25 ans et vos parents sont nés en 45 et 47. Et pourtant, ce n'est pas encore suffisant.

Des informations pour qui et comment?

Optimiser son message passe aussi par deux facteurs humains incontournables.

Le besoin: des informations adaptées

Information: les numéros gagnants du Loto sont le 1, le 3, le 23, le 25, le 45, et le 47. Le numéro complémentaire est le 22.

Vous avez joué au Loto, cela vous intéresse. Si vous ne connaissez pas déjà les résultats. Si vous n'avez pas joué, quel intérêt ce message peut-il avoir pour vous?
Pour qu'un message intéresse l'autre, il doit répondre à deux critères:
- Un désir: pour satisfaire une attente ou répondre à une curiosité.
- Une résonance: c'est-à-dire les conséquences qu'il aura pour celui qui le reçoit.
Vous êtes dépité, si vous avez joué d'autres numéros. Vous êtes heureux, si vous avez gagné (désir satisfait). Mais vous attendez encore une nouvelle information qui vous dira combien vous avez gagné avec vos cinq bons numéros!!! De quoi vous acheter un paquet de bonbons ou une nouvelle voiture (résonance).
Un message contenant des informations, un message organisé, un message répondant à un besoin, c'est déjà bien. Et pourtant, il manque encore l'essentiel...

Le talent: des informations qui « passent »

Si la personne qui vous délivre ce message bafouille, oublie un chiffre, se reprend, ou dit simplement « je crois que... », l'émission de l'information sera parasitée, peut-être même incompréhensible. La forme biaise le fond.

Information: Ce sont les « euh »..., le numéro 2 « euh » 1 « euh » le 3 non oui le 2 ou et le 3 et... les 15, non 23 et 25, 45 et le « boff » et « gloup » 47... le 22, c'est le complément du taire... « euh » le...

Il vaudra mieux vérifier dans votre journal!

Force est de constater que le meilleur des messages ne passera pas si l'émetteur n'a pas le talent de se faire entendre, écouter et comprendre.

La communication passe donc par deux modes d'expression

● **Un mode informationnel: dénotatif et référentiel.**
C'est le contenu, le sens attribué aux mots.

● **Un mode relationnel: connotatif et évocateur.**
Ce sont les indices contextuels, non verbaux.

Nos systèmes de représentation

- 40 % des gens sont d'abord des visuels,
- 40 % des auditifs,
- 20 % des kinestésiques (le ressenti).

La plupart d'entre nous se disent « visuels ». Ce n'est bien souvent qu'une impression. Tout au plus peut-on dire que le « support visuel » est généralement plus simple à appréhender parce qu'il est connotatif et qu'il permet à chacun sa propre interprétation.
Mais, pour ce qui est de la pensée, certains vous diront : « Je vois bien ce que tu veux dire », ils sont à ce moment-là en représentation visuelle.
D'autres répondront à la même question par: « J'entends bien ce que tu veux dire. » Ils sont sur le mode auditif.
Et d'autres enfin vous répondront: « Je sens bien ce que tu veux dire. » Ils sont sur le mode du ressenti (le kinestésique).

Le fond et la forme

La forme doit servir le fond. C'est le vecteur qui le transporte et la valorise. Le meilleur de la matière peut être trahi par la plus mauvaise des manières.

Mieux exister aux yeux des autres

Nous ne venons de rendre compte que des principaux paramètres qui ont trait à « l'action communicative ». Tant d'éléments nous amènent à tirer une conclusion qui s'impose presque d'elle-même: mieux vaut commencer par travailler notre technique, si nous voulons avoir une petite chance de « passer » nos messages convenablement et d'obtenir ce pouvoir de conviction qui nous fera mieux exister aux yeux des autres.

Agir sur tous ces éléments et rester naturel

C'est pas du gâteau! Dans la vie de tous les jours, autour d'une tasse de café, en grignotant des petits gâteaux avec des amis, ne pas être brillant peut ne pas avoir de conséquence fâcheuse (quoique!). Mais il y a des moments à forts enjeux professionnels ou sociaux que nous pratiquons rarement. Des conditions, des situations, des environnements qui ne sont pas favorables à notre communication, parce qu'ils ne sont pas « naturels ».

Parler à deux cents personnes à la fois n'est pas naturel, répondre aux questions d'un journaliste ne fait pas partie de vos occupations journalières, se présenter chez son nouvel employeur n'est pas facile, répondre à un oral d'examen est paniquant, convaincre votre banquier de vous prêter de l'argent est carrément très compliqué… Il va vous falloir trouver un « naturel » adapté à une situation qui, elle, ne l'est pas. Ce naturel s'acquiert comme le reste, les outils existent. Encore faut-il savoir s'en servir.

Le fond, c'est le message. La forme, c'est son habillage.

> Tout nu, le fond s'enrhume
> et votre communication éternue.

Le naturel se travaille

Lors de nos formations, il n'est pas rare d'entendre l'un des participants nous dire: « Vous savez, je crois que rien ne vaut le naturel! »

Ce mot « naturel » ne veut pas dire grand-chose. Nous répondons invariablement: « On peut être naturellement mauvais! », dans des situations qui, elles, ne sont pas naturelles. On a coutume de trouver naturel ce que l'on fait couramment par habitude ou par apprentissage. On peut enrichir cette remarque par celle de Paul Valéry: « Le naturel se travaille. »

Pour que l'autre mémorise mieux

Le processus de réception du décodeur oblige à stocker un mot pour comprendre le suivant et ainsi de suite pour atteindre la compréhension de l'ensemble.

- **Mieux il est compris, mieux le message sera retenu.**
- **Plus on sait de choses, plus le message sera mémorisé (empan).**
- **Les mots du début d'une unité verbale sont mieux retenus que les autres.**
- **Les écrans linguistiques (phrases incidentes, sous-phrases, propositions subordonnées) entre 2 mots clés parasitent la mémorisation.**

Communiquer, c'est mettre en commun

La mise en commun ne signifie pas nécessairement que l'on est d'accord. Il s'agit plutôt de partage et d'échange de tous ces aspects de la communication que nous venons d'évoquer.

Échange ou partage

- Partage de mots, partage de circonstances, partage d'intérêts, partage de comportements.
- Échanges d'informations, échanges d'idées, échanges d'impressions, échanges de points de vue, échanges de regards.

Ce partage et ces échanges sont plus ou moins voulus, plus ou moins réussis, mais ils tendent tous vers un même but: mieux se comprendre.

Je communique donc je suis

- Notre communication est partie intégrante de notre vie et de notre environnement.
- Nos besoins de communiquer changent et s'adaptent aux circonstances.
- Nous véhiculons des valeurs, des principes que doivent justifier nos attitudes.
- Notre communication n'existe que par la rétroaction et la perception.

Communiquer avec les autres et non aux autres

C'est un jeu à sommes non nulles, c'est-à-dire un jeu où ce que gagne l'un n'est pas enlevé à l'autre. Mieux encore, ce jeu de la communication idéale devrait se jouer « gagnant - gagnant », ce qui est loin d'être le cas!

Alors, pour que ce ne soient pas toujours les mêmes qui parlent sous prétexte qu'ils communiquent bien, il faut remettre à niveau, rétablir l'équilibre. Et nous voilà revenus aux vases communicants!

Plus ou moins crédible?

- D'une façon générale, l'information que nous recevons à l'insu de l'émetteur nous paraît plus crédible, puisque nous ne la soupçonnons pas de tricherie.
- Le non-verbal et, plus généralement, les éléments relationnels nous semblent plus authentiques, parce que nous pensons y découvrir des « fuites » non maîtrisables.
- La compétence induite ou reconnue du locuteur crédibilise sa communication instrumentale.

La bonne redondance!

- **Les mots-outils: c'est-à-dire ceux qui font les liaisons, sont des redondances nécessaires non seulement pour satisfaire la syntaxe, mais aussi (toutes les expériences le démontrent) parce qu'ils sont facilitateurs de mémorisation. L'appui sur ces mots-outils renforce souvent le message: « il est LE spécialiste ».**
Le parler « petit-nègre », même s'il n'est fait que de mots entropiques (mots pleins), perd de l'efficacité.
« Pas vendre peau ours avant avoir tué » sera moins facile à mémoriser que « il ne faut pas vendre la peau de l'ours avant de l'avoir tué ».
- **La répétition est aussi une très souhaitable redondance.**

La mauvaise redondance

- **Elle passe par des sous-phrases qui ne sont que des délayages.**
- **Elle forme un écran linguistique entre les mots clés.**
- **Il ne faut pas confondre les périphrases qui ne disent pas davantage qu'un mot et sont des redondances inutiles, et les paraphrases qui développent, expliquent.**

LA COMMUNICATION MODE D'EMPLOI

- La communication est une interaction continue.
- Communiquer, c'est d'abord écouter.
- Deux modes de transmission:
  - Le mode informationnel : le contenu, le sens.
  - Le mode relationnel: connotatif, évocateur.
- Communiquer, c'est informer:
  - Le message doit être clair.
  - Le message doit répondre à un besoin ou le susciter.
  - L'information doit être originale.
  - La forme doit servir le fond du message.
- Plus de 70 % de notre communication passent par le non-verbal.
- Facteur de sympathie: 7 % par les mots.
- Nous communiquons avec les autres et non devant les autres.

Le degré de sympathie de Mehrabian

Quand quelqu'un vous parle, quels sont les facteurs qui le rendent sympathique?

Mehrabian (1971) a travaillé expérimentalement sur les degrés de sympathie. Les résultats s'expriment par le tableau suivant.

Le mode relationnel

Degré de Sympathie
L'appréciation totale positive est faite à partir de:

- Appréciation verbale positive	= 7 %
- Appréciation vocale positive	= 38 %
- Appréciation positive visage et expression	= 58 %

(Certaines appréciations étant cotées deux fois non départagées, on obtient 103 %.)

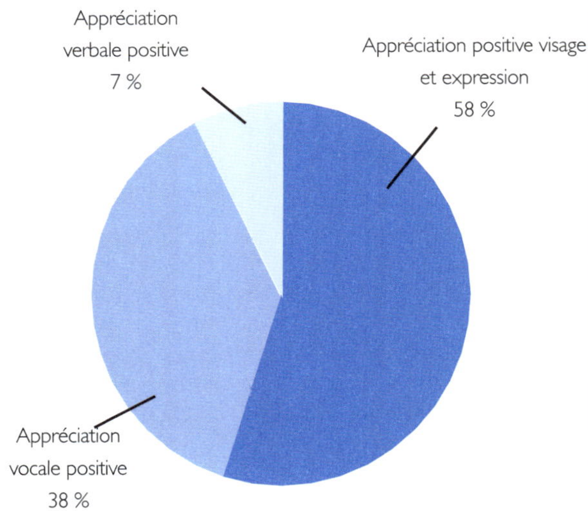

Ainsi, le sens des mots (7 %) n'entre que pour très peu dans la sympathie ou l'antipathie que l'on éprouve pour l'autre. Nous faisons beaucoup plus confiance à la manière dont les choses nous sont dites (38 %) qu'à ce qui est dit, et encore davantage au non-verbal que nous interprétons (58 %).

Décoder le non-verbal

Il ne s'agit pas de jouer au sorcier en pratiquant une psychologie sauvage qui consisterait à dire: « Ah il se gratte le lobe de l'oreille gauche, cela signifie qu'il n'a pas été nourri au sein de sa mère! » ou « Il croise souvent les bras parce que sa maman ne le prenait pas assez souvent avec elle quand il était petit. »

Je sais que ce type d'analyse est à la mode aujourd'hui. On fait dire ce que l'on veut au moindre geste, au moindre battement de paupière sans qu'il y ait derrière une once de vérité contrôlée.

L'étude sérieuse du non-verbal remonte à des temps qui ne sont pas si lointains. De nombreux spécialistes (psychosociologues ou psychologues sociaux) se sont intéressés depuis une trentaine d'années à cette expression corporelle et certains constats sont aujourd'hui fiables, mesurables et utilisables. C'est sur ces constats que nous allons nous appuyer pour vous donner les moyens d'améliorer votre communication sous deux aspects:

- Comment optimiser votre comportement pour le rendre plus efficace.

- Comment décrypter le non-verbal de vos interlocuteurs pour mieux les entendre!

Le non-verbal, c'est quoi ?

Cela paraît évident: le non-verbal, c'est tout ce qui, dans la communication, n'est pas verbal!

Il faut se méfier du mot « évident ». C'est souvent le mot clé de l'ignorance. Le silence que je laisse en parlant pour reprendre ma respiration, c'est du verbal ou pas? L'intonation que je donne aux mots, c'est du verbal ou pas? Les graves ou les aigus de ma voix, c'est du verbal ou pas? Et quand j'écris, c'est quoi?
Effectivement, il y a plusieurs communications non verbales. Nous allons définir la nôtre par:

> Tout facteur entrant dans le phénomène communicatif qui ne concerne pas directement l'oral et l'écrit.

Plus riche et plus complexe que les mots

Eh bien, même ainsi défini, ce n'est pas si simple. Généralement, quand on parle de non-verbal, on pense aux gestes et uniquement aux gestes. Mais de nombreux autres éléments entrent dans cette « communication silencieuse ». Les territoires dans lesquels nous nous trouvons, les codes de reconnaissance de la tribu à laquelle nous appartenons ou pas, la distance qui nous sépare les uns des autres, la posture globale ou partielle, la gestuelle et même les éléments artificiels créés par l'homme: les parfums, les vêtements, les accessoires (les artefacts)... tout cela va influencer notre communication, sans que nous en prenions réellement conscience.

Il ne faut pas juger les gens sur la mine?

Nous le faisons à longueur de journée. Rien ne peut nous empêcher de recevoir des informations non dites, de les interpréter et de tâcher de nous y adapter.
Qu'un inconnu vous aborde dans la rue, sa tenue vestimentaire, son comportement, sa manière de parler, la distance qui vous sépare de lui, l'environnement dans lequel vous êtes, votre état psychique du moment influencent votre verbalisation et votre comportement. Votre propre image est perçue au même moment par l'autre bien avant que vous ayez prononcé un seul mot. Votre manière de bouger, de regarder, de sourire, de marcher ou de vous asseoir conditionne le début de la relation. Il interprète, vous interprétez!
C'est donc d'abord sur l'image visuelle qu'il faut se pencher avant de s'occuper de l'image sonore.

Votre miroir vous ment!

Qui d'entre nous aime se regarder sur un enregistrement vidéo? Personne! (Je ne parle pas de la voix enregistrée qui fera l'objet de la troisième partie de cet ouvrage.)
Nous commençons toujours notre formation au « perfectionnement des dirigeants aux techniques de communication » par la présentation de soi. Cette présentation est enregistrée et nous demandons aux participants s'ils aiment se regarder... Pas un, pas un, ne nous a répondu en vingt ans de formation un oui « franc ». Tous font la grimace et détournent le regard. La plupart nous disent: « Je ne me supporte pas! Je n'aime pas me voir! » Pourtant, ces messieurs se rasent tous les matins et ces dames se maquillent sans qu'aucun d'eux crie « horreur » en voyant son reflet.
Rassurez-vous. La raison est mécanique: votre miroir vous renvoie de vous une image inversée, mais à laquelle vous êtes habitué. La caméra nous remet dans le bon sens et cela nous laisse une impression de malaise. Ce n'est pas notre « image référence » habituelle!

Les autres vous voient comment ?

Notre comportement corporel peut nous servir ou nous desservir. Correspond-il à ce que nous souhaitons montrer? Connaissez-vous votre image vue par les autres? Parce que c'est celle-là qui compte!

Je ne m'aime pas en vidéo!

Refuser son image n'est pas la solution, l'apprivoiser en se voyant souvent sur des enregistrements vidéo est la bonne démarche. Vous verrez qu'on s'y habitue. Et s'y habituant, on peut mieux comprendre la réaction des autres en nous voyant. Savoir quelle image je fais passer quand je regarde comme ceci ou comme cela, comprendre pourquoi ma gestuelle ou mon port de tête donne de moi une certaine impression dont je n'étais pas conscient. À moi de décider de me corriger ou pas. Car tout se corrige, tout se travaille. Nous n'arrêtons pas de changer, nous changerons encore. Heureusement! Et notre non-verbal se modifiera en conséquence.

Ce « langage silencieux » vous trahit, comme il trahit les autres. Aussi indispensable à la verbalisation qu'à l'écoute, il est le support essentiel à toute approche relationnelle.

Un code particulier

Mais attention! Ce langage silencieux n'est pas codé explicitement comme le langage alphabétique des sourds-muets (je ne parle pas du langage évocatoire), le langage du sémaphore, du télégraphe, l'agitation des drapeaux sur un terrain d'aviation ou le langage gestuel des Indiens d'Amérique.

Le langage silencieux dont nous parlons est implicite, il est né du mimétisme que nous avons déjà noté, il façonne les rapports de notre vie relationnelle en société. Parce que tous les hommes de tous les pays, de toutes les races, de tous les âges peuvent marcher sur leurs pieds, croiser les bras, regarder ou pas, montrer du doigt, le langage silencieux peut paraître universel.

Il ne l'est pas totalement, car il est avant tout culturel. Ce qui veut dire que la signification du non-verbal peut être différente, non seulement d'une culture à une autre, mais d'une époque à une autre comme d'une mode à une autre.

« Bougez, vous penserez mieux! »

Bernard Rimé, chercheur à l'Université catholique de Louvain, démontre clairement la relation entre les mouvements du corps et l'aspect cognitif du langage (*Psychologie Sociale*, S. Moscovici 1984, P.U.F.).

Ses expérimentations prouvent que l'homme pense moins bien quand il est immobile que lorsqu'il bouge; mais aussi, chose surprenante, que plus il possède un vocabulaire riche, plus il fait de gestes en parlant, de même qu'il effectuera plus de mouvements en situation de réflexion poussée que dans une réflexion simple. Ainsi, le rôle facilitateur de l'expression kinésique est primordial dans l'élaboration du message.

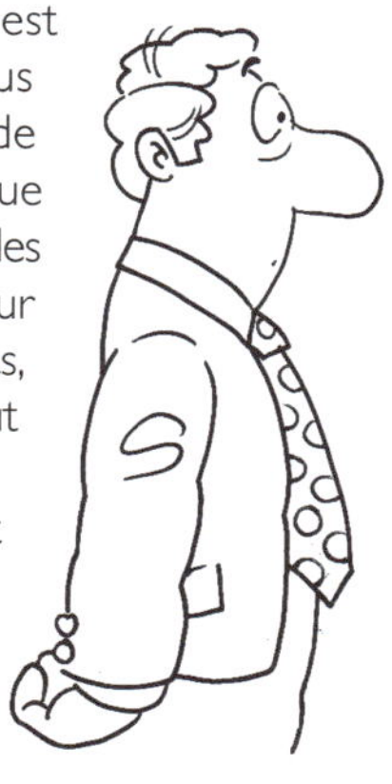

«Miroir, dis-moi...»

Le grand sorcier « Œil de lynx » vous parle!

La méthode des juges peut aussi donner des résultats catastrophiques, quand on confond « des juges » et « un juge ». C'est ce que nous découvrons régulièrement dans de nombreux magazines, où fleurissent de faux « gestuologues » qui prônent leurs impressions comme des vérités. Cela va de « si votre interlocuteur regarde souvent sa montre, c'est qu'il est pressé, qu'il a un rendez-vous ou qu'il trouve ça long! » (on ne nous prend pas pour des débiles là?!), jusqu'à cette analyse judicieuse: « La femme, que vous voyez sur la photo en train de parler à deux hommes, a la pointe du pied droit tournée vers celui de droite. Cela signifie que c'est avec celui-là qu'elle veut coucher… » (Texto. Je vous en garantis l'authenticité.)

Et, puisqu'on y est, si en plus elle regarde sa montre plusieurs fois, je suppose qu'elle veut que ça se passe tout de suite, non?

J'espère que les deux hommes en question ne sont pas son frère et son père!

La méthode des constituants

Toutes les études concernant le jeu complexe du non-verbal parviennent à une seule conclusion: la part qui lui revient est capitale dans nos relations avec autrui. S'attacher à cette observation de l'autre, c'est donner « des oreilles à ses yeux », c'est mieux appréhender son interlocuteur, et par conséquent mieux agir sur la relation interpersonnelle.

Les moyens de décryptage

C'est donc sur un ensemble de variables que l'on devra s'appuyer pour découvrir la signification du non-verbal sous le langage des mots. Il faut être prudent et ne pas jouer les apprentis sorciers en « psychologie sauvage ». C'est tentant certes! Les abus sont légion. Il est dangereux de faire croire à une science exacte en partant d'observations personnelles, souvent subjectives, sans se référer à des études sérieuses.

« Celui-là se touche le nez quand il ment. Cet autre se touche le nez, donc il ment »: ce genre de sophisme ne nous convient pas! Quelques notions empiriquement démontrées aideront cependant à mieux cerner l'impact de l'image pour l'utiliser à votre avantage… Nombre de constats prouvent la fiabilité de cette investigation.

La méthode des constituants s'attache à mesurer les éléments constitutifs non verbaux apparaissant dans une situation définie, sur des échantillonnages représentatifs bien cernés et en réduisant les effets pervers et les biais qui pourraient parasiter les données, comme les résultats.

Ces expérimentations, qui sont hélas souvent faites en laboratoire (pas toujours heureusement!), permettent de maîtriser les variables. On enregistre en vidéo des comportements provoqués et l'on travaille ensuite au décodage souvent image par image. Un travail de statistiques permet ensuite d'analyser les comportements étudiés en se référant à une situation contrôle.

> C'est le message émis
> qui intéresse le scientifique.

Ce message-là s'intéresse uniquement à l'émetteur.
En principe, cette démarche scientifique est fiable mais demande à être recoupée pour être validée!

La méthode des juges

Il s'agit ici de relever les éléments observés et souvent interprétés comme significatifs par un certain nombre de « juges observateurs ».

On prépare les « juges » par un apprentissage au « savoir-regarder ». Les juges observent ensemble, en direct, derrière des glaces sans tain ou sur une vidéo. Chacun va noter individuellement sa façon de percevoir le message d'un élément particulier que l'on étudie. C'est en recoupant les résultats d'un nombre de juges suffisamment représentatif, regardant le même événement, que l'on va valider la recherche et en tirer des constats statistiques.

C'est le message reçu qui nous intéresse ici.

Apprendre à décoder le non-verbal

Le décodage du non-verbal est donc apparemment complexe. Pourtant, il fait déjà partie de notre vie relationnelle de tous les jours. Vous l'utilisez inconsciemment pour découvrir chez l'autre sa manière d'être, son comportement, son état affectif. Le non-verbal qu'émet votre interlocuteur vous renvoie à ce que vous faites vous-même ou à ce que d'autres ont déjà fait devant vous et, par analogie, vous comprenez ce qui se passe.

Du massage des tempes au grattage des fesses

- Je me masse les tempes… avec le bout des doigts en plissant les yeux: vous en déduisez que j'ai mal à la tête. Parce que lorsque vous avez mal à la tête, vous faites le même geste ou parce que quelqu'un faisant ce geste vous a expliqué un jour qu'il avait mal à la tête.
- Je me gratte la nuque en regardant sur le côté: vous vous dites que je réfléchis ou que je suis perplexe, selon la situation. Quand je me gratte la tête, je montre bien que c'est là-dedans que ça se passe quand je réfléchis. Votre décodage ne sera sans doute pas le même si je me gratte les fesses!

Notre vie est faite de ces décodages spontanés, qui nous permettent de nous adapter à la vie en société. Si nous ne comprenions pas ce non-verbal, ce serait l'enfer.

Pour améliorer à la fois votre image et votre façon de voir les autres, nous vous proposons des outils de détection simples. Le bon sens et l'observation objective vous permettront toujours de vérifier vous-même la fiabilité de ces constats.

Avec un peu de pratique, vous saurez « que » regarder et « quand » regarder, pour mieux jouer avec ce non-dit qui parle à bouche cousue.

Il y a des coups de pieds au… qui se perdent!

Un chercheur dont nous tairons le nom a travaillé « scientifiquement » sur les mouvements des pieds.

Parmi les variables (directions, déplacements, positions…) qu'il étudiait, se trouvaient « les pieds en départ » de quelqu'un qui parle en position debout (on appelle « pied en départ » le pied qui ne repose plus que sur le talon, la pointe relevée).

Sa conclusion statistique était sans appel: les femmes font 4 fois plus de « pieds en départ » que les hommes!

Cherchez l'erreur? Les talons bien sûr!

Quand ces dames sont en talons plats, elles ne font pas plus de « pieds en départ » que les hommes!

Notre brave et incapable chercheur venait d'étudier en réalité: la facilitation qu'apportent les talons hauts pour relever le cou-de-pied!

Bravo!

Nos territoires

Comme l'animal, l'homme marque son territoire. Bien sûr, nous ne faisons pas pipi aux quatre coins de notre appartement ou de notre bureau, mais notre comportement se rapproche du comportement animal par bien des aspects.

Nous organisons notre espace

Nos territoires sont définis par des lois, des usages ou des nécessités fonctionnelles qui nous préservent des intrusions.
Dans l'entreprise, tout le monde sait que déplacer quelqu'un d'un bureau à un autre, c'est lui faire perdre ses repères, ses habitudes. Cela peut avoir du bon!
On peut facilement décoder chez l'homme trois territoires: le territoire tribal, le territoire familial et le territoire personnel. Certains de ces territoires sont bien définis et s'installent dans la durée; d'autres ne sont que ponctuels.

Le territoire tribal

L'appartenance à la tribu passe par des signes de reconnaissance bien spécifiques. La tribu des Français a son drapeau, son code de langage, son hymne, ses usages...
Les clubs, les associations ont leur charte sous forme de règlement intérieur, pratiquent des sortes de rituels. Leurs membres doivent satisfaire à des obligations, des us et coutumes qui garantissent leur appartenance.
L'entreprise fait partie de ces territoires. Qu'un étranger veuille entrer dans ce territoire, on le badge « visiteur ». Il ne fait pas partie du cheptel... Et tout le monde doit le savoir!
À l'intérieur de ce territoire d'entreprise, d'autres tribus plus petites ont aussi le leur. Il y a la tribu des « informaticiens » ou celle « du deuxième étage ».

Le territoire familial

Reconnus et validés par la loi, l'appartement, la maison sont les territoires naturels de la famille. C'est là qu'elle se sent vraiment bien: elle a son bail, sa boîte aux lettres, ses clés, son paillasson et ses nains plantés dans le jardin.
80 % des gens qui aménagent dans un nouvel appartement changent les tapisseries, même si les anciennes sont en bon état. Et puis, nous décorons nos murs de tableaux, nous indiquons notre nom sur la porte... Certaines familles ont encore leur écusson et leur devise.
À l'intérieur de ce territoire familial, il y a des territoires communs à tous les membres de la famille (l'entrée, la table de la salle à manger, les toilettes, la salle de bains...).

Le territoire tribal ponctuel

Le métro: un territoire qui n'appartient que momentanément à ceux qui l'occupent.
Dans le métro, les gens font partie de la tribu de « ceux qui prennent le métro ». Ils en acceptent les règles. Dans toute autre circonstance, ils ne toléreraient pas qu'un étranger vienne se coller à eux, mais là ils l'acceptent: c'est la loi de nécessité. Remarquez que tout le monde se met le plus possible le corps tourné vers la porte. Ainsi, chacun évite le regard trop proche de l'autre. C'est une façon de prendre ses distances.

Une file d'attente

Les gens qui forment une file d'attente pour voir un même film créent un territoire tribal ponctuel. Les règles s'établissent par un accord tacite et la vieille dame, devant laquelle chacun se serait effacé partout ailleurs, s'entend dire: « À la queue comme tout le monde! »
Que quelqu'un veuille s'infiltrer, chacun se serre contre celui qui le précède (zone intime). Les normes de politesse et de savoir-vivre sont rompues.
La tribu préserve son territoire.

D'autres, au contraire, sont organisés pour chacun des membres et deviendront leur territoire personnel.

Le territoire personnel

À l'intérieur du territoire familial, chacun a sa place reconnue et acceptée par les autres membres de la famille. Sa chaise autour de la table : « Ne te mets pas là ! Tu sais bien que c'est la place de papa ! », sa place dans le lit, sa table de nuit... Au bureau : « C'est mon armoire... mes outils », « Je te prête ma gomme, mais elle s'appelle reviens ! » L'importance de ce territoire personnel nous frappe, lorsque la personne qui l'occupait disparaît. et que son territoire personnel reste.

C'est ma place !

Lorsque ce territoire personnel est ponctuel, vous marquez votre place. Vous êtes dans un train archiplein et vous quittez votre siège pour aller prendre un café : que laissez-vous à votre place ? Si vous y laissez votre journal, une expérimentation (Sommer et Becker) prouve qu'il gardera votre siège moins longtemps qu'un livre ou un vêtement... Le marqueur est d'autant plus efficace qu'il est lié à sa valeur et à son intimité.

Si vous allez au restaurant, surtout si vous êtes tout seul, on vous propose une table au milieu de la salle ou contre le mur. Vous choisirez le mur et vous vous mettrez dos à celui-ci. La peur d'être attaqué ?

Et une fois assis, avant que l'on vous donne la carte, que faites-vous ? Vous touchez les couverts, déplacez légèrement un verre, repositionnez votre assiette comme pour mettre votre empreinte et faire vôtres ces objets qui ne vous appartiennent pas. Vous organisez votre « territoire personnel ponctuel ».

> Sully Prudhomme l'exprime par quatre vers :
> « C'est aux premiers regards portés
> en famille autour de la table
> sur les sièges plus écartés
> que se fait l'adieu véritable. »

Le territoire familial ponctuel

Ce territoire familial peut être ponctuel.
Regardez la famille Dupont arrivant sur la plage. Le premier devoir de tous les Dupont est d'occuper l'espace : « Étalez vite vos serviettes, les enfants. Après, vous irez vous baigner. »

Un ego qui va jusqu'à la voiture

Et que dire du pique-nique, où chaque famille s'attache à bien faire voir aux autres qu'on est installé, que le terrain est pris. Généralement, la voiture délimite ce terrain. Qu'un intrus ait l'outrecuidance de passer entre la voiture et la table de pique-nique, il est aussitôt fusillé par le regard de tous les membres de la famille Dupont, de la grand-mère au petit dernier : « Il ne peut pas passer plus loin, celui-là ! »

Une voiture tribale qui vous transforme un homme

La voiture est un territoire familial très fort. Le chef, celui qui conduit, la bichonne, la couve et défend ce territoire familial avec une agressivité peu commune. Il n'y a qu'à entendre les mots que peuvent se dire deux conducteurs qui s'invectivent !
Eux qui, partout ailleurs que dans leur voiture, auraient marqué leur désaccord par quelques remarques polies... Qu'est-ce qu'ils s'envoient comme mots à la figure !

Le décodage territorial

Ces prises de conscience, loin d'être de simples connaissances, vont vous être fort utiles pour communiquer avec les autres. Encore faut-il apprendre à décoder ces territoires.

Décodage culturel

Les territoires répondent à des critères culturels qu'il faut décrypter. L'ordonnancement des meubles, des espaces est différent d'un pays à l'autre. Déranger cet ordonnancement peut créer des difficultés d'échange. L'occupation d'un espace est le prolongement de la personnalité et du statut social: « Il a un gros bureau, il siège dans un grand fauteuil et je suis sur une petite chaise basse! »

Décodage relationnel

La rencontre de deux êtres humains est influencée par le territoire. Si vous souhaitez négocier, le terrain choisi sera capital. Chez lui ou chez vous? Dans votre bureau ou dans le sien? La démarche est importante. Ce n'est pas un hasard si les négociateurs choisissent généralement un lieu neutre. Les leaders syndicaux le savent bien, eux qui refusent de discuter avec le patron dans son bureau. Avoir le choix du terrain de rencontre n'est pas négligeable. La place donnée à chacun, à l'intérieur d'un territoire défini, n'est pas sans intérêt non plus. Nous le verrons en parlant des « zones » d'interaction.

Les distances qui nous séparent

Outre les territoires dont nous venons de parler, la distance qui sépare les hommes dans leurs interactions est un vecteur de communication essentiel. Cette distance est un bon moyen de lecture pour évaluer la relation. Elle dépend de la culture tribale (la distance d'interaction utilisée par un méridional français est déjà différente de celle des gens du Nord), mais aussi du ressenti psychique provoqué par la représentation que chacun se fait de la situation, de la tâche à effectuer et de l'attitude de l'autre.

Naturellement, la personnalité vient moduler ces données culturelles tribales. Selon son vécu, son éducation, son statut, la distance à respecter est modifiée. D'une manière générale, la bonne éducation apprend à « garder ses distances ». Mais lesquelles? Hormis les cas ponctuels de contrainte (place dans un avion, métro, file de théâtre, ascenseur, manifestation de foule...), chacun se positionne à une distance qui lui paraît favorable et acceptable dans une situation définie. Les expressions populaires expriment bien l'importance de la distance dans les relations interpersonnelles: « Ils sont trop loin l'un de l'autre pour se comprendre », « Ce sont deux amis très proches », « Il reste très distant »...

Ainsi, à la notion de territoire, vient s'ajouter celle de distance relationnelle à l'intérieur de ces territoires.

La bataille au coude à coude

Souvenez-vous de la bataille que vous avez menée lors de votre dernier voyage en avion!
Une bataille sournoise avec votre voisin, la bataille de l'accoudoir. Parce que votre siège est à vous pour le temps d'un voyage, le sien à lui, mais la frontière entre vos deux territoires est mal définie. À qui appartient l'accoudoir? Malheur à vous si vous laissez tomber votre journal: le temps de vous baisser pour le ramasser, l'ennemi frontalier en aura pris possession!
Il n'est pas près de vous le laisser.

Les zones d'interaction intimes et personnelles

Dans l'interaction, nous intervenons en occupant quatre zones distinctes. « Selon sa culture, son environnement social, sa position hiérarchique et l'attitude de son interlocuteur, l'homme délimite son type de relation spatiale. » (E.T. Hall)

La distance qui nous sépare conditionne la relation

Prendre conscience de la distance recherchée par son interlocuteur, c'est appréhender le processus d'interaction qui s'établit volontairement ou pas. La distance qui nous sépare de notre interlocuteur est chargée de tant d'informations qu'elle conditionne à la fois les rapports humains et les ressentis individuels. Dans une rencontre, cette distance va varier. Ce sont ces altérations et les moments où elles se produisent qui sont à prendre en compte.

La zone intime (distance de l'avant-bras)

Dans cette zone qui va du toucher jusqu'à 50 cm, les relations sont souvent des relations de cour. Elle permet d'enlacer l'autre. Réservée aux personnes qui nous sont très familières, cette zone est très préservée. C'est la zone des secrets, des chuchotements.

Culturellement, cette zone est plus souvent occupée par les gens du Sud qui n'hésitent pas à vous toucher.

D'une manière générale, qu'un étranger pénètre dans cette zone et nous sommes très mal à l'aise. Nous le percevons alors comme un intrus. C'est ce que cherche à créer quelqu'un d'agressif qui s'avance jusque-là pour nous faire peur et montrer sa dominance.

L'agression en zone intime est illustrée par le chef du G.I. se mettant nez à nez avec son inférieur et lui criant les ordres comme s'il était à 50 mètres de lui.

Et le G.I. de répondre en hurlant: « Yes Sir! »

La zone personnelle (distance d'un bras tendu)

De 60 cm à 1,20 m, cette distance est celle choisie par deux amis qui se parlent. Nous sommes dans une zone de convivialité. Chacun montre à l'autre qu'il n'a rien à redouter. Si cette zone relationnelle est ouverte, elle permet à un troisième individu de se mêler à la conversation.

En revanche, si elle est fermée c'est-à-dire en position de face à face, la barrière sera difficile à franchir.

La limite imaginaire, que marquent nos bras tendus, est souvent appelée péri-espace. Pénétrer dans ce péri-espace, c'est accepter que l'autre puisse nous toucher.

Trois « C » autour d'un bureau

- **Territoires de Confrontation: Les interlocuteurs sont de chaque côté de la table (bords opposés). Les deux territoires sont bien délimités. Chacun préserve ses outils (documents, dossiers, notes... non lisibles par l'autre). Celui qui avance va empiéter directement sur le territoire de l'autre.**

- **Territoires de Coopération: Les deux interlocuteurs sont à angle droit (bord à bord). Ils n'empiètent pas frontalement sur le territoire de l'autre. Ils se prêtent plus facilement les outils (échange de documents...).**

- **Territoires de Collaboration: Les interlocuteurs sont côte à côte (du même bord). Le territoire est commun. Ils se partagent les outils (même document...).**

ZONES ET TERRITOIRES MODE D'EMPLOI

● À l'intérieur des territoires, nos distances influencent nos relations.
● Les distances varient en fonction des cultures.
● Les zones françaises d'interaction :
- La zone intime : un avant-bras.
- La zone personnelle : un bras.
- La zone sociale : entre deux bras et 3 mètres.
- La zone publique : au-delà.
● Le changement de zone change le type de relation.
● La zone est en cohérence ou en incohérence avec la relation souhaitée.

Zone sociale de 1,20 m à 3 m

Zone personnelle de 60 cm à 1,20 m

Zone intime de 0 à 60 cm

Les zones d'interaction sociales et publiques

La zone sociale (à partir de deux zones personnelles)

De 1,20 m à 3 m, cette zone se retrouve dans un relationnel courant. Chacun peut aller serrer la main de l'autre, s'il le veut bien, même si les deux interlocuteurs ne se connaissent pas.
C'est la distance de l'échange, de l'interview, de la négociation, de l'entretien (il y a souvent un bureau entre les interlocuteurs).

La zone publique (au-delà de la zone sociale)

Au-delà de 3 m, c'est la zone des discours, des exposés, des prises de parole en public, des débats. Cette zone n'est que très rarement utilisée pour deux personnes. C'est la plus occasionnelle. La communication y est donc très difficile. Les échanges y sont peu personnalisés. Imaginez ce que pourrait donner la relation, si un homme criait en zone publique « Je t'aime ».

Posez-vous cinq questions

Voilà les règles du jeu posées. Les territoires sont organisés, les zones d'interaction sont définies. La codification du savoir-vivre est ainsi établie. Mais voilà, les capteurs peuvent pousser les acteurs à ne plus vouloir ou pouvoir jouer le jeu. La relation est faussée et ce bel ordonnancement rompu... Sa lecture est d'autant plus instructive. En interaction, se poser les bonnes questions, c'est se donner les moyens d'agir sur nos relations à l'autre.

Quel est le territoire de rencontre?
- Tribal? - Familial? - Personnel?

Quelle zone choisit-il avec moi?
- Intime ou personnelle? - Sociale ou publique?

Y a-t-il conformité entre la zone utilisée et ce qu'il dit?
- Son ton de voix - Le sens de ce qu'il dit

Quand passe-t-il d'une zone à une autre?
- Quand recule-t-il? - Quand avance-t-il?

Quelle zone dois-je utiliser? - Dois-je m'adapter à sa zone préférentielle? (Je facilite sa communication.) - Dois-je la rompre? (Je le déstabilise.)

Zone publique au-delà de 3 m

Les postures : un arrêt sur image

La posture marque un moment privilégié dans la lecture des communications non verbales, parce qu'elle est un arrêt dans les séquences motrices qui nous animent.

Un signal d'attitude affective

Arrêt sur image plus ou moins fixe, plus ou moins long, la posture perçue comme statique est donc facilement repérable. « La posture est un point privilégié d'ancrage. » (J. Corraze)
Miroir des attitudes psychiques, la posture nous renseigne sur la manière dont notre interlocuteur vit l'interaction du moment.

On distingue quatre postures:

- La posture de soumission.
- La posture de dominance.
- La posture de rejet.
- La posture de partage.

Nous appellerons postures globales les postures indiquées ci-dessus. Ces postures globales sont « construites » par une série de postures partielles, qui viennent plus ou moins renforcer ou déstructurer l'expression de l'ensemble.
Il peut arriver que deux postures partielles soient porteuses d'éléments contradictoires. Il peut arriver qu'une seule posture partielle soit révélatrice, à notre insu, d'une vérité dissimulée, parce qu'elle n'est pas en accord avec la posture globale volontairement exposée. Spiegle et Machotka appellent cela « la grimace du corps ».

Facilitez votre communication

« Faciliter: c'est l'art de rassurer » disait J.-P. Sartre. On est toujours rassuré lorsque l'on sent que l'autre nous ressemble: « Je m'entends bien avec lui, parce qu'on est pareils. » Alors, pour faciliter toutes vos communications, tâchez d'un peu ressembler à celui qui vous parle ou qui vous écoute. Il ne s'agit pas de le caricaturer, mais de vous mettre en accord postural avec lui.
La technique de synchronisation (ou syntonique), qui consiste à bouger avec votre interlocuteur, est aussi un bon moyen de montrer que vous faites le chemin ensemble.

Posture d'approche et posture d'accueil

La rencontre de deux personnes est l'expression typique de cette posture d'approche. Chacun va vers l'autre, les bustes s'inclinent, le cou se tend un peu, la main tendue vers l'autre est ouverte en signe de partage.
Cette posture d'accueil est encore plus marquée pour certaines fonctions. Le pape ouvre les bras, tend les mains en supination, se penche vers la foule ou vers son interlocuteur.
C'est la même posture que l'on retrouve chez celui ou celle qui veut partager un secret avec vous…
C'est encore à l'identique deux amoureux qui vont vers l'étreinte.

Hommes ou bêtes

La posture de soumission qu'utilisent les animaux leur permet la plupart du temps d'éviter le combat. L'animal se met dans la position où il serait si l'autre l'avait déjà terrassé. Le dominant s'arrête alors. Il faut croire qu'il n'y a que l'homme pour avoir quelques représentants qui, lorsque leurs adversaires sont à terre, ont encore le courage de leur donner de grands coups de pied.

Parmi les attitudes soumises, il en est une très particulière parce qu'elle est codifiée : celle du « Haut les mains ! ». Je mets les mains en l'air en signe d'allégeance.

Posture en rejet et posture d'évitement

C'est la posture du boxeur qui, pour éviter les coups, se met de profil à son adversaire. C'est celle aussi de l'escrimeur qui va se fendre…

Buste en arrière et mains en pare-chocs, c'est la posture de celui qui se préserve, qui a peur, ou tout simplement qui marque son refus.

4 postures pour 4 attitudes

Les postures sont le reflet des attitudes, elles indiquent l'état interne de la personne. La posture est kinésique (le corps), l'attitude est psychique (le ressenti).

Posture en contraction = attitude soumise

Tête rentrée ou inclinée, épaules basses, buste courbé, coudes au corps, bras resserrés, jambes croisées, pieds rentrés, et souvent mains en supination (paumes vers le ciel)… Le péri-espace est étriqué et prend peu de place. Reflet de timidité, d'allégeance. L'individu est-il introverti ou l'impressionnez-vous?

Posture en extension = attitude dominante

La caricature de la posture en extension serait: menton et tête hauts, épaules ouvertes, jabot (thorax) développé, bras ouverts, jambes écartées, pieds ouverts, mains en pronation comme des couvercles (paumes vers le sol)… Toutes les postures partielles ne sont pas nécessairement réunies, mais l'ensemble donne une image volontairement ou involontairement surdimensionnée.

Posture en approche = attitude participative

Tête avancée, cou allongé, buste penché en avant, bras vers l'autre, mains ouvertes, un pied en avant… Cette posture (ou quelques éléments de cette posture) est typique de l'intérêt que vous porte votre interlocuteur. Il y a recherche de partage et de participation. Il s'intéresse à vous! Souvenons-nous tout de même des zones d'interaction! La posture d'approche en zone intime peut être aussi la marque de la participation au combat. Les sumos, les catcheurs, les gardiens de but qui se préparent à bondir… sur l'autre ou sur la balle sont bien dans une posture en approche participative, mais…

Posture en rejet = attitude de refus

Cette posture est très évidente lorsqu'il s'agit des animaux. Deux chiens qui se craignent mutuellement vont avoir un détournement de la tête, mais ils ne lâchent pas l'autre du regard. Chacun est prêt à bondir ou à fuir. Chez l'homme, nous retrouvons cette posture avec quelques variantes. Tête en recul ou détournée par rapport au buste, bras en barrières, buste de profil, appuis arrière, le regard n'est pas dans l'axe de la tête (il vous regarde de travers).

Quand vous voyez un sauteur en longueur, un lanceur de poids ou de javelot prendre son élan: il commence par un recul, le corps en extension arrière pour mieux bondir. La posture en rejet peut être pour votre interlocuteur une manière de prendre son élan, de prendre un peu de recul avant de vous agresser.

Attention, c'est la posture du retors qui vous attend au coin du bois! Fuite ou menace?

Posture en contraction

Posture en extension

Posture en approche

Posture en rejet

Changements de postures

● Tout changement de posture globale a une signification qui permet de lire en temps réel ce qui se passe chez mon interlocuteur.

● La rupture de posture est des plus importantes : c'est le « marqueur kinésique ». Lorsque vous êtes en entretien avec quelqu'un, lui comme vous changez de position : ce n'est pas un hasard, lui comme vous réagissez à ce qui est dit, à ce qui se passe.

● Ces changements apportent des indications précieuses sur la manière de vivre l'instant présent. Passer d'une posture en approche à une posture en rejet par exemple n'est pas un facteur innocent !!!

● Percevoir ces moments, c'est décoder le changement des attitudes. La prise en compte de ces moments privilégiés vous aidera à mieux comprendre la communication qui s'établit.

La vénus de Botticelli

Pour vérifier le ressenti de la réception d'un message postural, Spiegel modifie la posture des bras sur les images nues de la Vénus de Botticelli. Il demande aux observateurs d'indiquer les deux images les moins attirantes sur la vingtaine d'images présentées avec des bras dans toutes sortes de positions. Les deux images considérées comme les moins attirantes sont celles où le personnage nu ouvre un bras comme pour se livrer, mais se couvre une partie du corps avec l'autre comme pour interdire le passage.
Il s'agit bien d'une grimace: les deux postures de bras se contrarient et ne correspondent pas à la posture globale.

Au début de son expérimentation, Spiegel avait employé le terme de sympathie: « Quelles sont les images que vous trouvez les plus sympathiques? » L'expérience ayant lieu avec un panel mixte, Spiegel s'est très vite rendu compte que le mot « sympathie » face à une image de femme nue n'avait pas la même signification pour un homme que pour une femme! Est-ce que le mot « attirante » arrange les choses?

Les grimaces du corps

Il n'y a pas que le visage qui fait des grimaces. Les grimaces du corps peuvent apporter des mines d'informations. La grimace du corps nous renseigne d'autant plus qu'elle est une fuite involontaire. Globalement, votre interlocuteur veut vous faire croire à une attitude, mais comme il ne peut maîtriser tout son corporel…

Cohérence ou incohérence?

C'est le rapport entre le fond de ce qu'il me dit, le sens des mots et la posture qu'il me montre.
« Je suis prêt à faire cette démarche » et vous découvrez que la posture de votre collaborateur est en contraction: les bras croisés, il rentre un peu la tête. Il va falloir le pousser à s'engager davantage. Il se soumet, certes, mais « à son corps défendant ».
Quelque chose le gêne! Quoi?

Dissonance ou consonance?

Dissonance: de quoi s'agit-il? Tout simplement d'une posture partielle qui ne correspond pas à une posture globale. Il y a encore dissonance quand deux postures partielles sont en opposition, par exemple, une posture du haut du corps en opposition avec une posture du bas du corps.
Quand tout s'harmonise, il y a consonance.
« On se sent bien chez vous! » dit votre visiteur. Les bras sont largement ouverts, mais les jambes sont en scoubidou et ses fesses au bord de la chaise. Il y a dissonance. Où est le malaise?

Congruence ou incongruence?

Entre deux personnes, les postures peuvent être semblables. En miroir, elles sont alors en congruence directe. Les attitudes sont en partage. Le courant passe bien.
En revanche, les postures peuvent être en incongruence. Les attitudes sont en désaccord. Le courant passe mal.
« Quelle joie de vous voir ici! » L'un a les bras ouverts vers l'autre, l'autre croise ses mains sur son estomac.

Deux postures partielles en dissonance

Les séquences posturales

Il est curieux de constater que notre corps semble communiquer tout seul selon un schéma préférentiel répondant toujours aux mêmes «trajets» kinésiques dans une situation déterminée. On peut structurer ces séquences individuelles autour de trois niveaux différents.

Le point : c'est une posture déterminée qui, dans un certain contexte, va durer un temps variable avant d'être cassée brusquement pour une autre. Dans une situation d'interaction spécifique, on peut constater que notre corps va systématiquement revenir sur cinq points maximum, toujours les mêmes. Pour passer d'un point à l'autre, il y aura un marqueur kinésique, c'est-à-dire un mouvement de transition qui lui aussi sera le même et qui servira de pont entre deux points.

La position : une succession de points va donner ce qu'on appelle une position. Il s'agit donc d'un ensemble de postures répétitives insérées dans une séquence.

La présentation : plusieurs positions vont se succéder pendant des minutes ou même des heures pour entrer dans un ensemble de mouvements appelé présentation. Cette présentation ne prendra fin que par le déplacement du corps dans son entité vers une nouvelle interaction, une nouvelle situation, un nouvel environnement. Regardez quelqu'un assis sur sa chaise au spectacle, au bout d'un certain temps d'observation, vous allez pouvoir prévoir quelle va être la nouvelle posture qu'il va prendre. Tout se passe comme si nos postures étaient programmées en fonction du contexte socio-affectif.

En interaction, deux séquences sont informatives

Postures inclusives ou non inclusives : à deux, il y a complémentarité ou non au niveau de l'orientation des corps. Les deux corps qui cherchent l'aparté s'orientent l'un vers l'autre mais ouvrent l'angle vers l'espace vide. Ils délimitent leur interaction en se mettant dos aux autres.

Postures en vis-à-vis ou côte à côte : dans le vis-à-vis, les deux corps se font face. Il peut y avoir un rapport d'agressivité dans les postures frontales, mais aussi de sincérité dans un face-à-face les yeux dans les yeux. Chacun joue le jeu du partage. Parfois le rapport est nettement codifié, il y a un demandeur et un receveur, professeur-élève, médecin-patient, etc.

Les postures en côte à côte s'ouvrent sur une autre personne ou sur un espace commun. Se tourner ensemble dans la même direction est une ouverture sélective.

Ainsi, sans entendre ce que se disent deux personnes, on peut, à distance, comprendre s'il s'agit de confidentialité, d'échanges partagés ou d'ouverture vers...

Postures et rituels

Les postures jouent un rôle essentiel dans les rituels. Elles sont porteuses de tout un symbolisme particulièrement significatif.

● En religion...

Il est intéressant de constater que dans la confession traditionnelle, le curé se positionnait de profil par rapport au pénitent qui, lui, était tourné franchement vers le confesseur. C'est lui le demandeur, il regarde le confesseur; c'est l'autre qui détient le pouvoir, il regarde ailleurs ou en lui-même.

L'inclinaison du corps est aussi une manière de soumission qui passe par des élévations de la tête vers le ciel pour replonger vers le sol. Ces séquences se retrouvent dans bon nombre de rituels, depuis la danse des Indiens jusqu'à la prière des musulmans en passant par les cultes vaudou. Il s'agit toujours de mettre le corps en liaison entre le ciel et la terre.

● Comme en sport...

Le footballeur qui vient de manquer un but tout fait en appelle au ciel en levant fortement la tête et en joignant les mains. Parfois, il tombe même à genoux pour implorer le pardon.

La posture prend la même forme quand un joueur de tennis vient de gagner la balle de match et se retrouve à genoux au milieu du court pour remercier le ciel et lancer vers lui sa raquette en guise d'offrande.

Postures partielles

● **Les croisements de doigts**
Croisez les mains, doigts entrelacés, et serrez. Un pouce passe sur l'autre. Vous êtes bien !
Inversez maintenant le croisement, l'autre pouce passe au-dessus, tous les doigts changent de position. Comment vous sentez vous ? « Mal ! »

● **Les croisements de bras**
Croisez vos bras. Vous êtes bien. Vous l'avez fait spontanément sans difficulté !
Inversez maintenant votre croisement. Prenez votre temps. Ce que vous avez fait facilement dans un sens est difficile dans l'autre. Vérifiez ! Comment vous sentez-vous ? « Mal ! »

● **Les postures de pieds**
- Quels personnages introvertis sont dessinés les pieds souvent en dedans ? Bécassine, Olive femme de Popeye, Obélix quand il est amoureux et intimidé !
- Quels personnages extravertis marchent les pieds très ouverts ? Charlot, le clown Auguste, Obélix quand il y a du sanglier ! Les petites ailes du casque d'Astérix en disent autant.

Le jeu de paumes

Parmi les postures partielles, les postures des bras et des mains sont très représentatives des attitudes. Mais ce sont les paumes des mains qui sont porteuses des signifiants les plus forts.

Paumes tournées vers le ciel (« en supination »)

Elles apportent partage et bienveillance. C'est la posture favorite des prêtres : « Laissez venir à moi les petits enfants. » C'est aussi dans la vie courante : « J'ai les mains vides. Regardez, je suis sans arme… ou sans outil. »

Paumes tournées vers le sol (« en pronation »)

C'est une sorte de couvercle, qui apaise mais aussi qui pèse et domine. « Nous allons travailler ensemble ! » dit le manager debout devant les participants assis et ses paumes de mains ont l'air de couvrir le groupe. Ensemble oui, mais « sous ma conduite, sous mon pouvoir ! ».

Paumes parallèles, perpendiculaires au sol

Elles marquent par leur tranchant (plus ou moins raide) l'attachement à un argument, la préservation d'un objet. La canalisation de la pensée : « Voilà le créneau qui nous intéresse. »
Quand il s'agit d'une seule main en tranchant, c'est carrément le couperet : « C'est comme ça et pas autrement ! »

Paumes en avant (bras tombant le long du corps)

C'est l'impuissance des mains vides : « Je n'ai rien dans les mains. » C'est la marque de l'incapacité, et de l'impossibilité : « Je ne sais pas… Je ne peux pas. »

Paumes en avant vers l'autre (levées devant le buste)

Il s'agit d'un geste pare-chocs : les paumes des mains marquent le refus en faisant un geste repoussoir. Cette posture barrière est utilisée dans la peur, l'interdit… : « Non, non, il n'en est pas question !… », « Ne me parlez pas de cela. »

Paumes cachées

Les doigts se referment, c'est le poing. Cette posture partielle est vite reconnue de tous. Elle marque la menace, la colère, la tension, mais aussi l'énergie : « Il faut se battre pour y arriver ! », « Serre les poings, et vas-y ! »
C'est aussi une manière de crispation pour lutter contre la douleur.

Mains en supination : «Je veux bien partager avec vous.»

Mains en pronation : «Vous travaillez sous mon autorité.»

Paumes parallèles : «Vous êtes en liberté surveillée.»

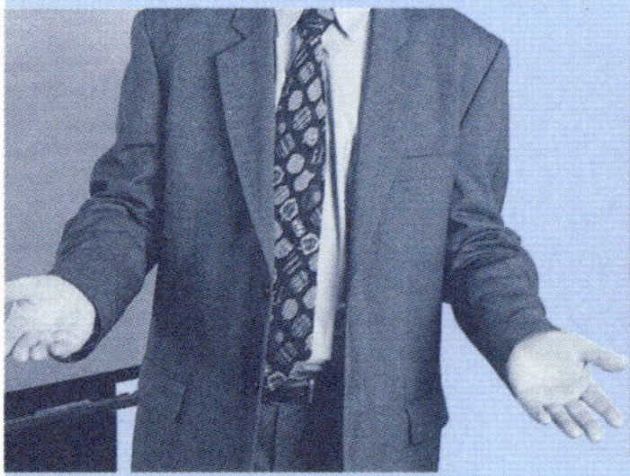

«Je ne sais pas, je ne peux pas.»

«Attendez ! Attendez !...»

LES POSTURES MODE D'EMPLOI

● Ne confondez pas posture (image physique) et attitude (état psychique).

● Décodez les marqueurs kinésiques (changements de postures).

● 4 postures globales de base:
- En contraction: attitude de soumission.
- En extension: attitude de domination.
- En rejet: attitude de retors.
- En approche: attitude de partage.

● 3 questions:
- Y a-t-il dissonance ou consonance entre des postures partielles ? (Le haut et le bas du corps expriment la même chose ou pas?)
- La posture globale est-elle en cohérence avec ce qu'il me dit? (Sa posture correspond ou non au sens de son message?)
- Nos deux postures globales sont-elles en congruence ou en incongruence? (Elles se ressemblent ou pas?)

L'effet ambiant

Il est étonnant de constater qu'un même visage présenté sur un fond de couleur différente semble changer d'expression. Les facteurs ambiants, le climat, l'environnement influent à notre insu sur notre perception de l'autre.

Remarques

Certains chercheurs ajoutent aux six émotions fondamentales trois autres émotions: l'horreur, la satisfaction, l'intérêt.
Mais l'horreur est-elle si loin de la peur?
La satisfaction est-elle si loin de la joie?
L'intérêt est-il très loin de la bonne surprise?
C'est parce que justement on retrouve des signaux communs à plusieurs expressions qu'il est si difficile de les définir radicalement.
Et pourtant nos capteurs ne nous trompent pas!

Le visage

Le visage prend une place prépondérante dans notre communication. C'est la partie du corps que nous regardons le plus lorsque nous parlons avec quelqu'un. C'est là que s'expriment les mots et c'est là que les émotions sont les plus représentatives a priori. « L'affect est, au premier chef, un comportement facial » nous dit Tomkins. Soit, mais cet affect va passer par 400 combinaisons possibles. Comment s'y retrouver?

Darwin s'y intéressait déjà

Il est sans doute l'un des premiers chercheurs à s'être intéressé aux mimiques et aux transports des émotions qu'elles reflètent. En demandant à une vingtaine de correspondants dans le monde ce que signifiaient pour eux diverses expressions et autres mouvements du visage qu'il leur décrivait, il se rendit compte du caractère quasi universel de certaines expressions faciales. Il fit une première classification des émotions fondamentales chez l'homme. Cette classification est souvent reprise aujourd'hui, même si certains chercheurs y apportent quelques modifications de détail.

Les six émotions fondamentales

La joie, la surprise, la peur, la colère, la tristesse, le dégoût sont reconnus de manière significative dans le monde entier, quels que soient les visages, les cultures et les races.

Un menteur privilégié

Ce que nous voyons et percevons sur le visage des autres, les autres le perçoivent sur le nôtre. Nous le savons, nous l'expérimentons dès notre plus jeune âge. Alors, nous apprenons à maîtriser cette partie du corps mieux que toutes les autres. Nous apprenons à tromper notre monde, soit en interdisant à notre mimique de manifester une émotion, soit encore en la remplaçant par une mimique d'expression différente. C'est la raison pour laquelle Ekman appelle le visage « un menteur privilégié ».
Cela s'explique d'autant mieux que nombre de chercheurs, dont Mehrabian, ont prouvé que plus notre gestuelle s'effectue sur une partie du corps proche du cerveau, mieux elle est maîtrisable.

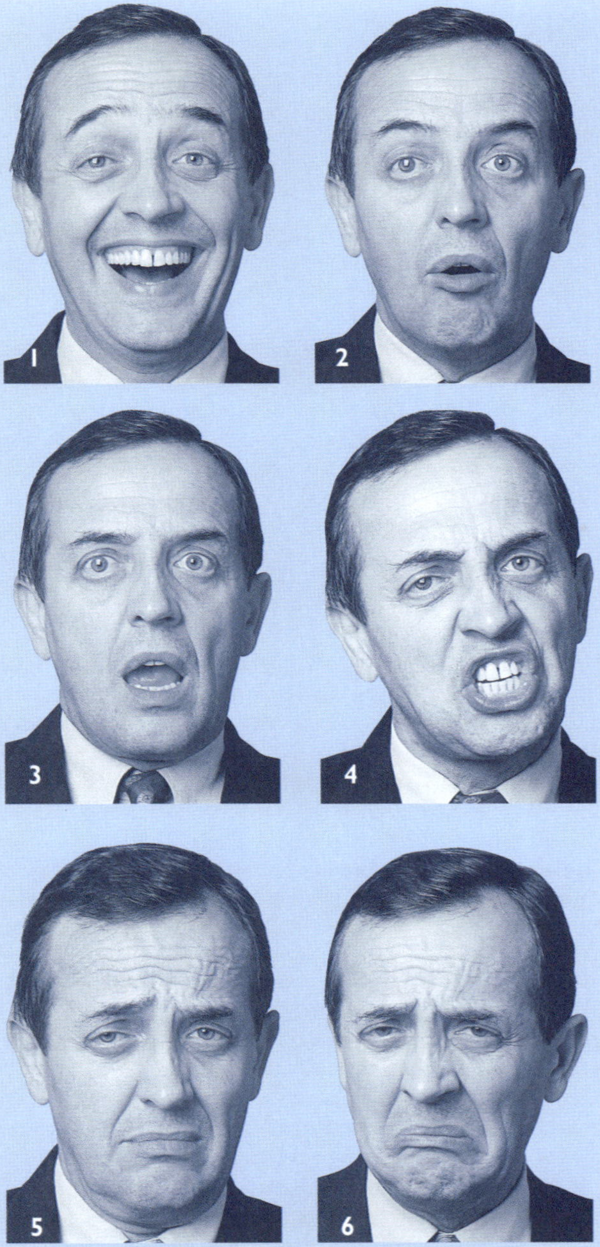

1. La joie - 2. La surprise - 3. La peur - 4. La colère - 5. La tristesse - 6. Le dégoût.

Deux zones faciales

Parmi ces mimiques ou gestes du visage, on retient l'importance de deux zones:

- La zone des yeux: froncement de sourcils, clignement des paupières, froncement du front et surtout le regard dont nous allons reparler.
- La zone du museau: elle s'étend du menton au nez. C'est la plus mobile. Ce qui se passe à ce niveau est des plus importants, puisque c'est la région qui entoure la bouche. Celle qui parle et qui sourit.

Pas d'expression du visage? Pas de communication!

Izard, en sectionnant les muscles bilatéraux du singe Rhésus, met en évidence le rôle facial dans l'interaction. Le singe, dont la face est devenue sans expression, est relégué tout en bas de la hiérarchie par les autres singes. Il est plus souvent agressé.

Le regard

C'est le premier geste de rencontre: « Ils ont échangé des regards. » Regarder quelqu'un, c'est marquer l'attention qu'on lui porte.

Un geste de partage

Le regard est un geste qui touche à distance. Nous avons dit son importance dans la partie Communication. Le regard éveille l'attention: le canal visuel est ouvert. Il sert de stimulus: « Je me suis senti regardé. »

La nature fait bien les choses. Elle souligne par un trait de poils fournis (les sourcils), mieux qu'un trait de crayon, une zone de communication primordiale. Le sourcil est un signal de repérage de l'œil. Un rituel que l'on retrouve dans de nombreux pays place « le clin de sourcil » comme le signifiant d'un signe de rencontre amical. Chez nous, ce « clin de sourcil » amical qui consiste à relever le sourcil, et donc à ouvrir grands les yeux, est souvent un palliatif pour signaler à l'autre qu'on l'a vu, même si l'on est occupé à autre chose. Au Japon, ce mouvement de sourcils est considéré comme indécent.

Évitez les fuites de regards

En revanche, dans notre culture, quand vous parlez ou écoutez, si vous regardez trop ailleurs, vous exprimez la timidité, l'évitement, l'instabilité ou la réflexion profonde peut-être. Mais vous ne dites pas à l'autre « je suis avec vous ».

Le « regarde-moi quand je te parle » que nous avons entendu si souvent dans notre enfance est un rappel d'attention. C'est une façon d'interdire à l'autre de s'occuper d'autre chose.

« Tu peux me redire cela en me regardant, s'il te plaît! » prend la même signification, c'est-à-dire: « Ne fuis pas! »

Le regard directif devient agressif

Votre regard peut être directif pour indiquer l'attention mais, dans certains cas, il peut aussi être menaçant. Regarder l'autre dans les yeux va, selon la distance, la situation, le contexte, prendre des allures toutes différentes. Il peut être pris alors comme facteur agressif en zone intime. Voyez la façon dont deux boxeurs arrivent à se regarder nez contre nez et les yeux dans les yeux pour impressionner leur adversaire. Le regard peut aussi souligner une attitude hautaine et évaluatrice sur une posture en extension. Ce pouvoir de dominance du regard passe dans les expressions: « Baisse les yeux, petit effronté », « Et cesse de me regarder comme ça! »

Regard menteur? Pas si sûr!

Le regard directif est communément considéré chez nous comme un facteur de franchise. En réalité, sachez que quelqu'un qui ment vous regardera encore plus dans les yeux que dans une situation normale (voir nos expérimentations pratiquées au laboratoire de psychologie sociale de l'université d'Aix-en-Provence). Il semble, en effet, que le menteur « surcompense » pour ne pas être pris en défaut. Dans notre enfance, nous avons dû nous faire « avoir » tant de fois sur des fuites de regards incontrôlées que, devenus adultes, nous les maîtrisons (trop) pour ne pas être pris en défaut. Le balancier repart dans l'autre sens mais avec exagération.

Échange de regards

- **Dans une zone sociale rapprochée (1,50 à 1,80 m) en interaction avec un inconnu, nous passons 60 % du temps à regarder l'autre. Mais les regards réciproques (se regarder en même temps) ne font que 30 % du temps.**
- **Quand quelqu'un parle, il regarde moins son interlocuteur (41 % du temps) que lorsqu'il l'écoute (75 % du temps).**
- **Les femmes regardent globalement plus que les hommes.**

Un regard changeant

Il peut être attractif mais aussi facteur de fuite selon la situation, l'environnement, la distance…

L'attraction du regard

Oui! Mais dans l'intimité affective, tout le monde sait que « regarder dans les yeux, c'est voir l'autre au fond de l'âme ». Le regard est alors un signal d'attraction. Ce pouvoir attractif s'exprime dans le domaine de la sympathie et de la sexualité. Le rôle de signal sexuel dû à l'élargissement des pupilles est bien connu depuis longtemps des femmes (italiennes en particulier), qui élargissent artificiellement leur diamètre pupillaire. Cette dilatation des pupilles est déjà un phénomène naturel, qui se produit sur un individu qui se montre plus attentif.
Quant aux effets sur les hommes, à partir d'une même photographie d'un visage féminin en deux exemplaires, dont l'un a été légèrement corrigé pour élargir les pupilles, c'est systématiquement celui-ci qui sera préféré à l'autre.

Le regard: déclencheur de fuite?

Un test pratiqué aux États-Unis (Ellsworth) montre que le regard, loin d'être toujours un facteur de rencontre, peut, au contraire, engendrer parfois la fuite. L'expérimentateur se place à un feu rouge et regarde les conducteurs à l'arrêt (moins de 3 mètres). Ceux-ci manifestent tout d'abord des signes de gêne, d'agitation. Chronométrés de l'autre côté du carrefour, les « regardés » traversent significativement beaucoup plus rapidement après avoir démarré plus vite que ceux qui ne sont pas regardés.
Le même résultat est obtenu avec des piétons.

Communiquez dans une situation claire

C'est bien celle que vous vivez lorsque vous êtes en entretien, en débat avec quelqu'un ou que vous faites un exposé en public. Les rôles sont bien définis, chacun sait pourquoi l'autre est là. Dans ces conditions, efforcez-vous de regarder votre interlocuteur ou votre public, sans plonger pour autant votre regard au fond des yeux de chacun. En revanche, pensez que vos fuites de regards seront perçues de façon négative. N'oubliez pas que votre regard vous informera en temps réel de ce qui se passe ici et maintenant. Ces informations-là sont capitales, elles vous aideront à décoder le non-verbal.

> Situation ambiguë: le regard provoque la fuite.
>
> Situation claire: le regard aide au rapprochement.

Alors, regards facilitateurs ou pas?

Une expérience intéressante va nous aider à comprendre (Ellsworth).
Dans une galerie marchande, une jeune femme est accroupie. Une autre jeune femme portant une valise demande aux passants d'aller l'aider, prétextant qu'elle a, elle, un train à prendre. Si elle aborde les gens en expliquant: « Regardez, cette jeune femme a perdu ses verres de contact! Je ne peux aller l'aider, j'ai un train à prendre. Voulez-vous y aller? », la situation est claire (a). Si elle demande au contraire: « Regardez cette jeune femme, elle a besoin d'aide. Je ne peux aller l'aider, j'ai un train à prendre. Voulez-vous y aller? » sans spécifier pourquoi la jeune fille est accroupie, la situation est ambiguë (b).
Dans chacun des deux cas, on mesure le nombre de personnes qui vont aider la jeune femme.
Quand la jeune fille accroupie regarde le passant:
- Si la situation est claire (a), 83 % des gens viennent l'aider.
- Si la situation est ambiguë (b), il y en a seulement 25 %.
Quand la jeune fille accroupie ne regarde pas le passant, le pourcentage d'aide n'est pas sensiblement modifié entre les situations claires et ambiguës.

REGARD ET SOURIRE MODE D'EMPLOI

- **Le visage est l'expression de l'affect.**
- **Le visage est un menteur privilégié.**
- **Deux zones importantes du visage:**
  - **Les yeux et leur pourtour.**
  - **Le museau: du nez au menton.**
- **Le regard facilite la communication, si la situation est claire.**
- **Le regard freine la communication, quand la situation est ambiguë.**
- **Le sourire est un geste de partage.**
- **Le rire est communicatif, le sourire est communication.**

Le sourire est communication

Le sourire est certainement né d'une ritualisation du rire. Le rire est au commencement une manifestation agressive. Montrer les dents est une manière de faire peur à l'autre.

Du rire agressif au sourire social

Il suffit de regarder des enfants jouer pour voir qu'ils se battent en riant. Dans tous les films d'horreur, le méchant rit d'un rire satanique! Et les vampires, donc? Je ne vous raconte pas les quenottes!

Le sourire qui cache les dents est entendu chez nous comme un rapprochement spatial. Sourire, c'est marquer sa non-agressivité. Le sourire incite à la convivialité.

Bon nombre de personnes pensent que l'on ne peut pas sourire, si l'on dit des choses tristes. Pourtant, c'est à travers ce sourire que passent les émotions. N'oubliez pas qu'un sourire peut être triste et que l'on peut faire passer la tendresse, l'affection en souriant des yeux. Chez nous, il marque la reconnaissance de l'autre, il aide à l'échange. C'est par un sourire que vous signalez à l'autre que vous êtes bien avec lui. C'est par ce sourire que vous allez marquer le style de l'interaction.

Un « bonjour » s'accompagne d'un sourire de reconnaissance, qui renforce le fait de souhaiter à l'autre une bonne journée, un « bon jour ».

Ne confondez pas rire et sourire: n'oubliez pas que le sourire est comme le bâillement, un geste qui provoque une action communicative réflexe. Le sourire répond au sourire. Usez-en sans en abuser.

> Le rire est communicatif.
> Le sourire est communication.

Vrais ou faux sourires?

Ce que l'on appelle *vrai sourire* aux États-Unis est un sourire qui montre aussi bien les dents du haut que celles du bas. Ce sourire-là est pour nous perçu comme factice, trop appuyé et non sincère. À nos yeux, il est faux.

Dans la cinquantaine de sourires différents décodés par Ekman, il est bien difficile de s'y retrouver.

Le sourire asymétrique ou crispé est souvent considéré comme un rictus. Il apparaît dans la difficulté, le mal-être, la timidité, comme si l'on voulait donner le change et qu'on n'y parvenait pas.

Texte d'apprentissage du non-verbal

Votre image parle pour vous!

- Monsieur Untel demande à vous voir, Monsieur le Directeur.

- Faites entrer!

Untel, c'est moi! Et il n'y a pas de quoi être fier. Je suis là, debout devant lui, planté comme un artichaut. Il est assis derrière son bureau. Je ne me sens pas très à l'aise, on peut même dire que je ne me sens pas à l'aise du tout. Je me gratte deux fois la gorge. Le voilà qui se lève, me tend la main… Bon sang, j'ai les mains moites! Il va s'en apercevoir! Pas le temps de les essuyer, je lui donne juste le bout des doigts.

- Vous avez demandé à me voir?, dit-il.

En attendant, c'est lui qui me voit, qui me regarde, qui me toise, qui… Il a un drôle d'air, qu'est-ce que j'ai? La braguette ouverte, la cravate de travers, une crotte au bout du nez? Il n'a pas le faciès « amicalement vôtre », arbore un sourire en portemanteau, un bonjour aussi convivial qu'un adieu éternel et deux yeux de taupe qui jouent au billard à trois bandes derrière ses lunettes. Je ne sais que faire de mes mains: je les croise sur mon bas-ventre, j'ai l'air d'un nudiste. Je les passe derrière mon dos, j'ai l'air d'un fusillé. Je ne vais tout de même pas les mettre dans les poches!

Pour lui, ça va. Il est chez lui, il s'installe dans son grand fauteuil. D'un geste sec, il m'invite à m'asseoir aussi.

Ouf! J'y suis. C'est tout de même plus facile assis que debout. Tiens! Je n'avais pas remarqué qu'il était aussi grand. C'est curieux: ce type, il fait plus grand assis que debout! Alors que moi, je fais plus petit! C'est son fauteuil qui doit être plus haut que le mien. Pas étonnant, j'ai les genoux sous le menton.

Bon! Je croise les jambes ou pas? Et mes pieds, où ils sont mes pieds? Je les ai passés en dessous, accrochés à ceux de mon fauteuil de bébé. C'est intelligent! Je n'arrive plus à les sortir de là. Et cette poignée de doigts qui s'agitent tous seuls au bout de mes mains. Je me gratte la joue, je me frotte l'aile du nez. Maintenant, c'est l'avant-bras gauche qui me démange. J'ai des petites bêtes partout ou quoi?

- « Je vous écoute » dit-il.

C'est fou le silence qui suit. C'est à moi de parler. Je commence par quoi? Il s'impatiente:

- « Alors? Que puis-je faire pour vous? »

Déjà, ne pas me regarder comme ça, ce serait bien. J'ai l'impression de passer une visite médicale. J'ai la tête vide, le seul truc qui me vient c'est mon numéro de Sécurité sociale! Je ne suis pas à l'hôpital! Qu'est-ce qu'il en a à faire, le boss, de mon numéro de Sécurité sociale!!! Je me gratte deux fois la gorge. Mon nom, je lui donne mon nom et, dans la foulée, je rajoute mes trois prénoms, ça fait plus convivial.

Décrypter les comportements

Le petit texte ci-contre met en lumière un certain nombre d'indicateurs non verbaux dont nous venons de parler et montre comment l'image de soi peut être perturbée par l'environnement, la situation, les rapports hiérarchiques.

Attachez-vous à découvrir les éléments posturaux qui reflètent les ressentis des deux personnages et leur positionnement dans l'espace.

Analysez les zones et les territoires occupés par les acteurs de cette saynète.

Notez l'importance du regard. À quel moment ce regard est-il déstabilisateur? Quelle réaction provoque-t-il?

Quels gestes marquent le mal-être du conteur et sa difficulté à vivre une telle situation?

Quelle influence les comportements ont-ils sur le langage et l'expression? Pourquoi?

Des gestes pour l'autre?

Au départ d'un vol, les hôtesses indiquent par gestes les diverses consignes dictées par haut-parleur. Elles montrent les portes de sorties, les emplacements des masques à oxygène, le fonctionnement des gilets, etc. Ce sont bien des gestes pour les autres. Leur caractère universel garantit la compréhension de tous. S'il fallait expliquer! Ou se contenter d'une voix-off dans la langue de chaque passager! Sans ces gestes de démonstration, les gilets, en cas d'accident, risqueraient de se transformer en chapeaux de pêche et les masques à oxygène en punching-ball!

Ou pour vous?

- **Téléphonez donc à un ami pour lui indiquer comment venir chez vous en voiture. Vous faites des gestes et pourtant il ne vous voit pas!**
- **Essayez de crier: « Hourra, j'ai gagné! », en laissant tomber les bras! C'est bougrement dur.**
- **Clamez: « Je suis en pleine forme! », en voûtant le dos et les bras ballants. Ça ne colle pas.**
- **Dites: « Je suis un homme ouvert », en croisant les bras et les jambes...**

Les gestes qui parlent

Le geste, c'est l'homme. Quand l'homme ne bouge plus du tout, il est mort! Soyez vivant!

Gestes et personnalité

- On sait que les gens du Sud font globalement plus de gestes que ceux du Nord, et les Italiens donc! Il s'agit bien de racines. Apprentissage, sans doute. Mimétisme de l'homme avec son environnement communicatif, certainement. Oui mais!

Notre gestuelle est le reflet de nos racines.

- Deux personnes du Midi de la France ne feront pas les mêmes gestes pour raconter une même histoire. Leurs acquis culturels, personnels, leur milieu familial, leur histoire, leur éducation modifieront leur gestuelle.

Notre gestuelle est le reflet de notre culture.

- Ces deux mêmes personnes, l'une étant devenue P.D.G. et l'autre chef de service, transformeront encore leur gestuelle lorsqu'elles parleront ensemble. Le statut vient interférer sur leurs comportements.

Notre gestuelle est le reflet de notre fonction.

- Pourtant, chacune de ces personnes changera encore sa manière de bouger, selon qu'elle sera dans une église ou dans une boîte de nuit, en colère ou détendue, influencée cette fois-ci par l'environnement physique et le vécu psychique de l'instant présent.

Notre gestuelle est le reflet de notre ressenti.

Notre panoplie de gestes

Ce dernier paramètre parasite souvent les trois autres!
Est-ce à dire que, tributaire de l'émotion présente et de l'environnement, notre gestuelle ainsi influencée ne peut être représentative d'une personnalité? Bien au contraire, c'est toujours la même personne avec sa propre gestuelle, simplement les conditions où elle s'exprime la modifient dans son envergure, sa direction et le type de gestes utilisés. La sélection est inconsciente, mais elle se fait toujours dans la même panoplie personnelle.

Quatre facteurs conditionnent nos gestes:
- nos racines,
- notre culture,
- notre statut,
- l'état psychique et l'environnement du moment.

«Arrête de gesticuler !»

La figure des gestes

Dans la vietinuotidienne, et de façon instinctive, le geste précède la ʼole.

Avant, pendant ou après?

Si, pour arrêtousıne voiture qui fonce sur vous, vous criez « Stop!!! » et faites le geɔouaprès, il y a de grandes chances pour que vous vous fassiez écrasét suɜ seul moment où le geste peut suivre et non précéder la parcɜ l'est l'illustration mimée de ce que l'on vient de dire: « Je prends uneicarotte et deux oignons, je les mets dans une casserole… » Lᴇutilisonseillers en recettes culinaires utilisent ce procédé à la télévisiorite. dire » d'abord et « faire » ensuite.

Le geste ronde ɛt généralement lent et porteur de douceur. Il arrondit les angles,ɿu'ilıssure. Le calme et la souplesse qu'il illustre donnent une impressiı de maîtrise.

- Les bons nɜstuciateurs apportent, par leur gestuelle ronde, une recherche d'ɾité.ɔrd qui passe par la non-agressivité.
- Trop de ronɜr l'iır dans le geste peut aussi donner l'impression d'obséquiosité, ou ut simplement de mollesse.

Le geste en ɪt ra:**ure et pointu** est généralement rapide.

- Il donne une. ıpression tranchante et directive.
- Si un tel geɜur, marque le dynamisme et la rigueur, il peut aussi passer pour agrɛ et rigide.

Dans la colèı ge: nous arrive de faire de grands gestes en rupture. Tétanisés, ncs rɜstes deviennent raides et nous rendent ridicules.

Le degré de relâchement

Mehrabian cnq ꞔate expérimentalement que cinq paramètres sont significatifs dequeâchement. Il s'agit de caractéristiques, tant posturales que gestuelleɜur ɹi montrent que votre interlocuteur est décontracté. A contrario, busque vous êtes tendu, efforcez-vous de mimer cette gestuelle de ɥuérchement. Elle vous aidera à acquérir le calme et la relaxation. « ı, plmez la bonne santé, disait Alain, plutôt que la maladie. »

Le degré c elâchement

Du plus signiɮnifif des relâchements au moins significatif, nous prendrons en cor ɜ:

- l'asnt, étrie des bras ou leur écartement,
- l'inı ıison du corps sur le côté,
- l'as étrie des jambes,
- le ı ɔhement des mains,
- le ı ɔhement du cou.

« Ne parle pas avec les mains! »

La haute société a toujours rejeté le phénomène gestuel spontané, pour privilégier le geste de savoir-vivre admis, codifié, parce que le geste trahit des émotions qu'il n'est pas bon de dévoiler: la reine d'Angleterre n'a pas à montrer son énervement, sa colère, sa peur, son dégoût… elle doit rester une fonction avant tout. Maîtresse d'elle-même dans toutes les situations. Pour éviter les « fuites » qui pourraient être interprétées comme des faiblesses, elle pratique « l'étiquette », un protocole où tout est codifié.
Et vous ne verrez jamais la reine d'Angleterre les deux mains sur les hanches. La poissonnière du coin, pourquoi pas?

La bilatérisation du geste

N'oubliez pas que vous avez deux bras et deux mains. Sans exagérer votre gestuelle, évitez de n'utiliser qu'un côté. La variété étant source d'intérêt, que vous soyez droitier ou gaucher, vous avez une activité gestuelle préférentielle. Elle risque d'être monotone. Jouez donc de la bilatéralité.

Gaucher ou droitier?

Les purs droitiers ou gauchers sont rares. Quand vous passez vos mains derrière le dos, quelle est celle qui prend l'autre ? Quand vous applaudissez, laquelle frappe l'autre?

Comment en êtes-vous arrivé là?

- **À 12 semaines, bébé utilise indifféremment les deux mains.**
- **À 16 semaines, il devient gaucher.**
- **À 24 semaines, il est bilatéral à nouveau.**
- **À 28 semaines, il est plutôt droitier.**
- **À 32 semaines, nouvelle bilatéralité.**
- **À 36 semaines, la majorité sont gauchers.**
- **Entre la 40e et la 44e semaine, tous sont droitiers.**
- **Entre 52 et 56 semaines, quelques-uns retournent à la main gauche, ils seront gauchers (1/10e de la population mondiale). Les autres resteront droitiers.**

Bons ou mauvais gestes

Ils aident ou parasitent le message.

Les gestes à éviter

Gestes bas : tous les gestes qui vont vers le bas sont porteurs de signifiants négatifs. Le geste du pouce vers le sol en est l'expression la plus forte. Les expressions populaires « les bras m'en tombent » ou « je baisse les bras » expriment bien cet aspect négatif.

Gestes autistes : ils vont vers soi et non vers l'autre. Ils ne cherchent pas à convaincre, mais à se persuader soi-même. Ces gestes se transforment rapidement en autocontacts.

Gestes « barrières » : ils font pare-chocs, c'est une frontière derrière laquelle l'individu s'abrite, refuse ou se met sur la réserve. La main ou les mains devant soi, paumes tournées vers les autres, marquent bien la limite, l'interdiction d'avancer. « Je suis tout à fait d'accord avec vous » lance votre interlocuteur, mais ses mains sont en pare-chocs vers vous comme pour vous dire : « Arrêtons-là, passons à autre chose. »

Gestes parasites : ils sont « à côté » du message. Ils marquent un état psychique, l'émotion, la peur, l'anxiété, la fatigue, l'agressivité, mais ne correspondent pas au message que l'on veut faire passer.

Les gestes à utiliser

Faites des gestes hauts : ils ont tous une connotation active ou positive. Reprenez le geste du pouce, mais cette fois-ci pouce vers le ciel. Il marque la réussite, ou « tout va bien », « c'est parfait! ». Le vainqueur de l'étape, même fatigué, lève les bras en signe de victoire. Tous les signes de reconnaissance sont faits vers le haut pour affirmer la suprématie, la volonté, l'engagement : du salut fasciste au V de Churchill, en passant par le poing levé du boxeur qui vient de mettre K.O. son adversaire.

Bien entendu, nous disons gestes hauts mais, selon la distance qui nous sépare de l'autre, trop haut signifiera agression.

Utilisez des gestes ouverts : ce sont les gestes qui s'offrent à la discussion, à l'échange. L'ouverture de votre gestuelle est le garant de votre bienveillance, de votre franchise et de votre bien-être. Tous les gestes d'accueil sont des gestes ouverts. Par votre ouverture, vous indiquez que vous ne craignez pas l'autre.

Faites des gestes vers les autres : sans être agressifs, les gestes vers autrui cherchent le contact et marquent la prise en compte de l'autre. Ils sont une manière de réduire la distance qui nous sépare des autres, comme pour les toucher.

Les gestes que nous faisons vers eux véhiculent nos pensées.

Geste bas

Geste haut

Geste autiste

Geste ouvert

C'est un «manuel» ou un «intellectuel»

D'une manière générale, toutes cultures et racines confondues, est-ce le manuel ou l'intellectuel qui fait le plus de gestes dans sa communication avec les autres? C'est l'intellectuel!

● L'intellectuel : sa gestuelle est souvent floue, elle monte pour exprimer des concepts. Il s'agit de réflexions, de pensées? Regardez les mains, elles vont vers la tête ou au moins à la hauteur du cou. (Souvenez-vous d'André Malraux!) C'est ici que je réfléchis! Les mains et les doigts s'agitent même parfois vers le ciel. Les pieds bougent beaucoup sur place, les pointes se dressent, les talons tournent, il est souvent en déséquilibre. Assis, il se repositionne souvent sur son siège, il croise haut les jambes et peut prendre sa cheville avec les mains (croisement à l'américaine). L'effervescence du cerveau crée le plus souvent l'agitation du corps.

● Le manuel : d'une manière générale, il sait ce qu'est la fatigue musculaire! Il s'économise, il préférera un mouvement du menton pour indiquer une direction qu'un bras levé! Les bras sont souvent pendants et le long du corps. Les gestes sont plus lents et plus lourds, mais plus précis. Ses appuis sont solides et terriens, les pieds sont bien ancrés dans la réalité. Il bouge peu sur ses jambes. Même assis, il croise rarement les jambes qu'il garde parallèles. Moins extraverti, d'une manière générale, il ouvre peu sa gestuelle.

Ces deux-là auront du mal à se comprendre facilement. L'intellectuel dira de l'autre : «Il est amorphe et un peu lourd!» Et le manuel constatera que son interlocuteur «s'agite beaucoup pour pas grand-chose» !

Les gestes culturels: des emblèmes

Certains gestes sont reconnus par tous ceux de même culture. Ces gestes sont comme codifiés naturellement. Mais, attention, ils ont souvent d'autres signifiants « ailleurs ». On les appelle des emblèmes.

Se toucher le lobe de l'oreille signifie « homosexuel » en Italie. L'index et le pouce formant un zéro veut dire zéro en France, argent au Japon, mais O.K. aux U.S.A.

Bonjour touche-moi!

Il s'agit d'une prise de contact peau contre peau. Elle est différente selon les cultures, mais elle existe presque universellement. Ce signe de reconnaissance emblématique est reçu comme une marque de confiance: « Je ne suis pas armé, voilà ma main vide. »

Les Arabes touchent le bout des doigts, les Africains tapent dans la paume des mains, les Sud-Américains vous enlacent en même temps du bras gauche... et les Esquimaux se frottent le nez (l'appendice nasal reste toujours à l'air libre).

Pour une poignée de mains !

Mieux que le geste lui-même, c'est la manière dont il est exécuté qui influence notre perception.

- Le bras est tendu franchement, le tranchant de la main perpendiculaire au sol? La personne qui vous dit bonjour joue la franchise, l'énergie. Elle est directe, peut-être agressive. (1)

- Celui-ci vous tend une main paume en l'air pour que vous y déposiez la vôtre. Un brin paternaliste, non agressif: « Reposez-vous sur moi! » (2)

- Celui-là fait exactement l'inverse, sa paume de main vers le bas comme un couvercle. Il « passe pour » dominateur, son statut est peut-être supérieur au vôtre. Il saisit votre main comme avec un grappin.

- Cet autre ne vous prend que le bout des doigts en pince. Méprisant ou timide? Il évite le contact et vous lâche bien vite. Généralement, il regarde ailleurs. A-t-il peur de se salir les mains? Communication difficile? (3)

- Cet autre vous attire à lui en vous serrant la main profondément. Il ajoute la seconde main par-dessus pour « faire plus chaleureux », zone intime... Il joue l'affectif? Peut-être l'est-il vraiment! (4)

Franchise et énergie

Communication difficile

Reposez-vous sur moi

Affectif

Montre-moi tes gestes, je te dirai qui tu es

Les illustrateurs accompagnent toujours la verbalisation. Ils justifient les mots, les précisent ou les soulignent. Il y a cinq grandes familles d'illustrateurs. Pour bien comprendre l'autre, il est donc nécessaire de décoder la fréquence avec laquelle il utilise une famille plutôt qu'une autre.

Un essai de typologie

Depuis plus de dix ans, nous avons mis au point, au cours de nos formations, une méthode d'analyse de la résonance produite par certains gestes sur ceux qui les voient. Cette approche nous amène à un constat qui, partant de la méthode des juges, nous conduit aux constituants psychiques de la gestuelle. Dans le choix de gestes que nous avons dans les cinq familles d'illustrateurs qui vont suivre, chacun d'entre nous a une prédilection particulière pour utiliser certains d'entre eux plutôt que d'autres. En regroupant ces choix non réfléchis, nous découvrons quelques traits de caractère.

Notre méthodologie

En adressant aux sujets une série de mots enregistrés, nous leur demandons sur chaque mot de faire « le geste qui lui vient ».
Pour éviter un effet d'ordre, qui ferait qu'un mot peut influencer le mot suivant, nous pratiquons avec des séries différentes de 30 ou 40 mots, sans changer le ton ou l'inflexion de la voix.
Nous passons aussi par des mots neutres et emblématiques tels que « oui! », « non! ». Nous filmons en vidéo.

Notre démarche

1er temps: Nous demandons à ceux qui voient les gestes effectués quels types de caractère ils ont globalement décryptés concernant le sujet effectuant ces gestes. « D'après vous, qui est-il? »

2e temps: Nous demandons au sujet lui-même de valider ou non l'ensemble des impressions données par les juges sur ce qu'il connaît de lui-même.

Cette expérimentation a été faite sur des dirigeants d'entreprise, des cadres et cadres supérieurs, avec un pourcentage de 18 % de femmes et 82 % d'hommes, sur plus de 2000 personnes, de 35 à 60 ans

La typologie que nous en avons dressée relève des résultats significatifs et validés par l'intéressé. Soit plus de 85 % des cas. Il est à noter que l'impression reçue par les observateurs est quasi unanime sur des groupes de 6 à 8 personnes.

C'est la fonction qui crée l'homme?

Ou l'homme qui choisit sa fonction (voir page 54)?

- **Les pointeurs pictographes sont souvent des gens de finance, des comptables, des directeurs financiers.**
- **Les idéographes sont souvent des gens des ressources humaines, des gens du marketing.**
- **Les cadreurs sont des patrons d'entreprise (qui sont aussi souvent pointeurs déictiques), des ingénieurs et scientifiques.**
- **Les kinétographes sont souvent des commerciaux.**
- **Il faut reconnaître qu'un commercial, qui serait trop pictographe, ennuiera très certainement ses clients par des détails superflus pour beaucoup…**
- **Qu'un P.D.G. soit kinétographe risque de lui donner un côté guignol peu représentatif…**
- **Qu'un créatif soit cadreur risque de l'emmener à ne pas découvrir grand-chose…**

La croix : rencontre de deux familles de gestes

Des familles de gestes

Monsieur Déictique pointeur

Monsieur Déictique pince

Monsieur Pictographe

Cinq familles de gestes illustrateurs

Nous utilisons plus ou moins fréquemment ces cinq familles de gestes. Nous avons nos préférences, elles sont le reflet de nous-mêmes.

Les gestes déictiques: gestes des doigts

a. **Les pointeurs:** le doigt, généralement l'index, montre une direction. Il vise un point précis ou une personne. Parfois, l'index s'agite comme une menace.
b. **Les compteurs:** l'interlocuteur s'appuie sur eux pour marquer un certain ordre. « Trois points sont importants... » dit votre interlocuteur et il vous montre trois doigts.
c. **Les pinces:** généralement exécutées avec l'index et le pouce, les pinces d'air indiquent la précision.

Les gestes pictographes: ils dessinent

Ils dessinent dans l'air les objets dont ils vous parlent.: « Elle a un joli visage et puis un corps... » et votre interlocuteur dessine dans l'air ses rondeurs.
Le pictographe peut dessiner dans l'air avec la main entière, mais il utilise plutôt un geste pointeur pour le faire (l'index surtout). Ces gestes sont généralement étriqués et petits.

Les gestes idéographes: ils volent

Ce sont les gestes porteurs d'idées, de concepts, d'abstractions. Les mains volent dans l'air et les doigts s'agitent souvent dans un flou artistique.

Les gestes quantitatifs: ils cadrent

Ce sont des gestes qui sont exécutés avec la main entière. Généralement, les deux mains d'ailleurs fonctionnent en symétrie. Ils délimitent un espace. Ils canalisent même la pensée en la limitant.

Les gestes kinétographes: ils jouent la situation

Ce sont les gestes faits par le corps ou une partie du corps jouant l'action racontée: « alors il s'est levé... » dit votre interlocuteur et, pour mieux vous le faire comprendre, il se lève lui-même. « Il a pris un livre sur l'étagère et il l'a jeté... » et votre interlocuteur jette un objet imaginaire.

Qui sont-ils ?

Chacun de nous utilise plus facilement un certain type de gestes soit! Mais pourquoi? Sans doute parce qu'ils reflètent notre personnalité, notre manière de faire et de penser.

Qui est Monsieur Déictique?

- S'il s'agit des déictiques pointeurs trop souvent utilisés, votre interlocuteur devient très directif. On appelle « geste bâton » l'index qui s'agite menaçant devant vous!
- L'utilisation répétée des gestes déictiques compteurs donne une image ordonnée, analytique et rationnelle.
- L'utilisateur abusif des pinces d'air est généralement ressenti comme un « donneur de leçons ».

Qui est Monsieur Pictographe?

C'est un pointilleux qui va jusqu'au moindre détail. Il met les points sur les « i » et demande toujours des précisions. Parfois, ce n'est plus de la précision, cela va jusqu'à la maniaquerie.
Il a tendance à être long dans ses explications. Ses raisonnements sont logiques et chronologiques.

Qui est Monsieur Idéographe?

Les vrais idéographes sont rarement précis. Ils donnent une image instable et volatile. Ce sont des créatifs, en tout cas des intellectuels. La simplicité n'est pas leur domaine. Leurs gestes sont nombreux et « brouillons ».

Qui est Monsieur Quantitatif?

Ceux qui usent souvent de gestes cadreurs sont presque toujours des gens ordonnés, constructifs, structurés et solides. Ils aiment que les choses soient rangées à leur place. Dans leur management, ils délèguent une part de la tâche. Encore faut-il voir si les mains qui canalisent leurs commandements sont rapprochées ou pas. Certains cadreurs montrent que votre liberté est très surveillée!

Qui est Monsieur Kinétographe?

Il se projette dans ses propos. Il vit les situations qu'il raconte. Il prend de la place. L'écoute n'est certainement pas son point fort. Il aime surprendre et être aimé. C'est un affectif. Quand il se prend un mur, il le prend bien… et en sort très meurtri!

Trois autres familles de gestes

Monsieur Idéographe

Monsieur Quantitatif

Monsieur Kinétographe

Attention aux confusions!

Certains gestes sont des signes codifiés et très précis. Ils remplacent alors les mots qui les sous-tendent. Ils deviennent un véritable langage d'initié. Repérer et décoder ces gestes permet donc de mieux connaître et décrypter l'histoire et les racines de son interlocuteur. Attention donc aux confusions faites sur un même geste, elles peuvent donner lieu à de fâcheux contresens.

● Tapoti, tapota, par exemple

- Se tapoter plus ou moins discètement au niveau du cœur signifie au Proche-Orient: «Aidez-moi, à l'aide! Je suis en difficultés!»
- Se tapoter sous le coude signifie aux Pays-Bas qu'il y a «anguille sous roche», mais en Allemagne et en Autriche: «Tu es un idiot et ton cerveau est ici. Tu as le cerveau dans le coude.»
- En Amérique du Sud, le «tocado» est à peu près semblable, le bras va vers le haut et les doigts sont repliés. L'autre main vient tapoter le coude par en dessous pour dire: «Tu es un avare!»
- Se tapoter le nez signifie «fouineur» pour un Anglais… et «j'ai du nez» en France.

● La pince d'air

L'index faisant un anneau avec le pouce qui est couramment utilisé aux États-Unis pour signifier OK devient une insulte sexuelle en Allemagne, en Sardaigne, en Grèce, en Turquie et en Russie. En France, surtout dans le Sud, il indique zéro comme en Belgique et en Tunisie. Au Japon, ce même geste signifie «des sous» et, si l'anneau est orienté vers le bas, il indique pour l'Italien le mot «justice» (ce sont les plateaux de la justice que l'on feint de tenir entre deux doigts).

Testez-vous!

Faites, le plus spontanément possible, le geste qui vous vient sur les mots en gras.

Croix
- Vous avez croisé les index, c'est pointeur.
- Vous vous êtes mis en croix, vous êtes kinétographe.
- Vous avez dessiné une croix, le geste est pictographe.

Passoire
- Vous avez montré l'idée du «passage», c'est idéographe.
- Vous avez dessiné les trous, c'est pictographe.
- Vous avez secoué une passoire, le geste est kinétographe.

Petit
- Vous vous êtes baissé, c'est kinétographe.
- Vous avez cadré une dimension, c'est quantitatif.
- Vous utilisez l'index et le pouce, c'est pointeur.

Soleil
- Vous avez montré le soleil, le geste est déictique pointeur.
- Vous avez dessiné le soleil, c'est pictographe.
- Vous vous épongez le front, c'est kinétographe.

Musique
- Un geste vague de la main, c'est idéographe.
- Jouer du violon, danser…, c'est kinétographe.
- Vous avez dessiné des notes, c'est pictographe.

Créneau
- Vous avez cadré un espace, le geste est quantitatif.
- Vous avez mimé l'action de vous garer, c'est kinétographe.
- Vous avez dessiné des créneaux de château: pictographe.

Nuage
- Vous avez dessiné la forme avec les doigts, c'est pictographe.
- Un vague mouvement des mains, c'est idéographe.
- Vous avez pointé un doigt vers le ciel, c'est pointeur.

Cible
- Vous avez indiqué une direction du doigt, c'est pointeur.
- Vous avez formé un cercle avec vos mains, c'est quantitatif.
- Vous avez dessiné plusieurs cercles, c'est pictographe.

Noël
- Vous avez dessiné sapin, étoile et boules: pictographe.
- Vous avez délimité avec les mains un triangle: quantitatif.
- Vous avez porté une hotte imaginaire: sacré kinétographe!

Arc
- Vous avez joué les Robin des Bois, c'est kinétographe.
- Vous avez dessiné la forme arrondie, c'est pictographe.
- Vous avez montré la cible d'abord, c'est pointeur.

Les gestes rythmiques

Les rythmiques n'accompagnent pas le sens des mots. Ils scandent la fluidité verbale, ils accompagnent le rythme du locuteur ou du récepteur. Il faut apprendre à les maîtriser. Ils fatiguent!

Les gestes de ponctuation

Ils scandent

Ce sont ceux qui, lorsqu'ils accompagnent la verbalisation de l'émetteur, scandent et rythment son débit. Ces gestes n'apportent pas grande signification, si ce n'est qu'ils martèlent l'air et appuient sur les mots de valeur forte.

S'ils marquent généralement une volonté de convaincre, ils peuvent aller jusqu'à l'agressivité. Les aboiements de Hitler sont bardés de gestes de ponctuation, poings fermés, de plus en plus agressifs, au fur et à mesure qu'il avance dans son discours.

Attention: ce type de geste étant répétitif, il devient mécanique. Nous les utilisons particulièrement lorsque nous sommes en colère. Ce sont ces gestes-là qui « gesticulent ». Leur répétitivité est désagréable pour l'autre.

Ils régulent (gestes d'écoute active)

Ce sont ceux qui accompagnent l'écoute du récepteur. Ils sont le plus souvent faits avec un mouvement de tête de haut en bas. Ce mouvement ne signifie pas toujours à celui qui nous parle que nous sommes d'accord avec lui. Il peut indiquer tout simplement que l'on suit ses propos, que l'on comprend.

Les gestes régulateurs sont de magnifiques signifiants du partage et de l'intérêt que l'on prête aux propos de l'autre. Ils l'invitent à poursuivre, ils participent à sa verbalisation et la favorisent.

Ils manipulent

Les gestes régulateurs peuvent aussi déstabiliser votre interlocuteur. Puisqu'il s'agit d'un accompagnement de l'autre, il suffit de manifester un changement comportemental sur le régulateur, pour que votre interlocuteur se pose des questions.

Ces changements, s'opérant pendant que l'autre verbalise, sont aussi une manière de lui couper la parole sans intervenir vocalement.

Il suffit de peu de chose. Lorsque vous êtes proche de votre interlocuteur et que vous l'écoutez attentivement, servez-vous de ce geste régulateur de la tête. Et, si vous souhaitez le déstabiliser, stoppez net votre geste, gardez tout à coup la tête immobile: vous verrez deux grands points d'interrogation dans ses yeux. Il aura du mal à poursuivre.

LES GESTES MODE D'EMPLOI

● Faites plutôt:
- Des gestes qui vont vers le haut.
- Des gestes ouverts.
- Des gestes contrastés (divers et bilatéraux).
- Des gestes tournés vers l'autre.

● Évitez:
- Les gestes qui vont vers le bas.
- Les gestes fermés.
- Les gestes répétitifs.
- Les gestes autistes (tournés vers vous).

● Donnez la priorité au décodage:
- Des grattages (surtout du museau).
- Des activités de dérivation (il fait quelque chose sans rapport avec ce qu'il dit).
- Des gestes autonomes.

● Quelle famille de gestes utilise-t-il?
- Déictique (les doigts).
- Quantitatif (cadrage des mains).
- Pictographe (dessine dans l'air).
- Idéographe (les concepts, les abstractions).
- Kinétographe (le corps mime l'action).

Les gestes qui vous dénoncent!

Certains gestes peuvent être faits indifféremment avec ou sans expression orale. Ces gestes ne sont pas contrôlés, ils sont généralement à côté du message et nous échappent, on les appelle des adaptateurs. Ils sont porteurs de messages capitaux pour le décodage. Ils expriment les ressentis, l'affectif, la pensée profonde que l'on voudrait bien cacher. Ils nous dénoncent!

Les autocontacts (self-adaptateurs)

Ce sont les grattages, pincements, caresses, nettoyages de peau ou de cheveux que l'on se fait à soi-même.

Les autocontacts, surtout ceux du « museau », c'est-à-dire entre le nez et le menton (c'est la zone du parler, c'est par là que l'on dit des bêtises!), sont très significatifs de l'état psychique du locuteur. Ces gestes de réassurance marquent un état de réflexion intense ou de difficulté interne.

Parfois, ils sont en cohérence avec ce qui est dit et ne font que conforter le message. « Je trouve ce travail difficile » dit votre interlocuteur en se grattant l'aile du nez. Mais si le même grattage se manifeste au moment où il vous dit « c'est facile! », tenez-en compte, revenez sur le sujet en lui posant la question « c'est facile? »: il y a de grandes chances qu'il vous apprenne alors que « ce n'est pas si facile que cela » ou « qu'il ne va pas avoir le temps » ou « qu'il ne sait pas trop comment s'y prendre »...

Je vous le garantis à 10 contre 1.

Pourquoi ces grattages plutôt sur le nez ou son pourtour?

Tout simplement parce qu'une petite élévation de température va se produire là. Les muqueuses du nez sont extrêmement sensibles aux changements de température (c'est bien par là que l'on s'enrhume!). Il va donc se produire une démangeaison et le besoin de se gratter. D'une manière plus générale, tous les grattages et les autocontacts sont une manière de se toucher pour se prouver qu'on existe. Prenez ces gestes en grande considération, ce sont des marqueurs d'une importance capitale.

Les grattages de nuque sont le plus souvent liés à la réflexion difficile ou intense. « Je réfléchis, et quand je réfléchis, cela se passe ici » semble-t-il dire. Bien sûr, il peut toujours y avoir l'exception qui confirme la règle: votre interlocuteur peut avoir des poux ou s'être fait piquer par un moustique!

Vérifiez ce décodage des grattages. Vous serez surpris du résultat!!!

Les autocontacts des hommes publics

● **Mitterrand: de « tout va bien » à « tout va mal » en passant par « je prends mes distances »**

Mitterrand faisait de savants croisements de doigts. Croisement normal: « tout va bien ». Croisement laissant deux doigts d'une main non croisés: « tout va mal ». Croisement-caresse des doigts d'une main sur le dos de l'autre main: « je prends mes distances. » Il employait de plus en plus ce croisement vers la fin de sa vie.

● **Gérard Jugnot: « Quand ça va pas, je baisse la tête et je me gratte! »**

Récemment, Gérard Jugnot racontait à la radio que lorsqu'il se sentait dans une situation difficile, il avait tendance à baisser la tête (posture de tête en soumission) et à se gratter partout!

● **André Rousselet: « Je me souviens de m'être gratté le menton... »**

Lorsque Mitterrand, lors de sa prise de pouvoir, vint lui annoncer qu'il souhaitait en faire son chef de cabinet et qu'il dut le suivre dans les salons, Rousselet se souvient qu'il se gratta le menton et reconnaît: « Ça ne me démangeait pourtant pas! »

D'autres gestes qui vous trahissent

Ces activités sont la plupart du temps inconscientes, elles aussi, et se substituent aux gestes illustrateurs.

Les activités de dérivation (adaptateurs-objets)

Prises d'objets, manipulations, déplacements, appuis... Décryptez-les! Si votre femme ou votre mari en colère contre vous casse une assiette en la jetant volontairement par terre, dites-vous qu'il s'agit d'une activité de dérivation redirigée. Il ou elle aurait envie de vous faire la même chose...

Sous l'effet du stress qui ne disparaît jamais tout à fait, nous voyons à la T.V. Bruno Masure cadrer et recadrer ses feuilles, prendre son stylo et le reposer... Stylo avec lequel joue très bien Madame Sinclair... Et Bernard Pivot manipule avec talent ses lunettes... Le journal des Nuls, il y a quelques années, refaisait de façon caricaturale le geste des présentateurs n'ayant plus rien à faire, tassant leurs feuilles en attendant de disparaître de l'image à la fin du journal T.V.

Les contacts avec autrui (hétéro-adaptateurs)

Manipulations de l'autre, triturateurs, prises de mains, prises de bras, contacts avec l'interlocuteur. Certaines personnes ont tendance à toucher l'autre en lui parlant. Ce sont des gestes liens. On connaît aussi le management par l'épaule! Les hétéro-adaptateurs sont plus souvent utilisés par les gens de culture latine, qui communiquent souvent en zone intime.

Évitez les autocontacts

Les auto-contacts nous rassurent certes, mais rassurent-ils les autres? Naturellement non!

Ils vont contre toutes les règles que nous vous avons conseillées.

Ce sont des gestes tournés vers vous.

Ce sont des gestes qui vous ferment aux autres.

Ce sont des gestes qui sont à côté du message et qui vont le parasiter.

Lisez dans les miettes de pain

L'activité portée sur la miette de pain à table est un véritable champ d'investigation. Vous validerez très vite les constats ci-dessous:

- Votre interlocuteur nettoie la table en rejetant les miettes du plat de la main. Tout à coup, il fait ce même geste du revers de la main? Même s'il ne le dit pas, il n'est peut-être pas tout à fait d'accord? Il fait table rase, puis il rejette.

- Il n'y a plus de miettes, il continue? Tiens, tiens! Parlons d'autre chose, je dois l'agacer.

- Il ôte les miettes une par une? Timide, un peu petit dans sa réflexion, un brin pointilleux?

- Il regroupe les miettes devant lui. Il fait son tas? Il rassemble ses idées.

Il est frais, votre poisson?

L'un de nos gestuologues, Michel Degand, tombe malade comme un chien s'il a le malheur d'avaler un plat d'une fraîcheur douteuse. S'il demande « il est frais, votre poisson? » et que le garçon lui répond « oui! oui! » en se grattant, même très discrètement... il refait ce petit manège avec la viande... Il lui arrive de changer de restaurant!

Le sexe des gestes

Les gestes sont souvent communs aux hommes et aux femmes. Cependant, ils ne sont pas toujours asexués, soit parce qu'ils sont spécifiques du genre, soit parce que leur fréquence varie.

Des gestes au féminin

L'un des gestes de dérivation les plus courants chez la femme est certainement le passage d'une main ou des doigts dans les cheveux. Ce geste est trois fois plus fréquent chez elle que chez l'homme. Les femmes posent dix fois plus souvent que les hommes les mains sur les cuisses.

La position assise, les genoux repliés et enlacés par les bras, est dix-neuf fois plus fréquemment employée par les femmes que par les hommes. La proportion est la même en ce qui concerne une jambe enroulée autour de l'autre en scoubidou.

Parmi les gestes de présentation, c'est-à-dire au départ d'une prise de parole ou d'une action engageante, les femmes remontent fréquemment leurs manches.

Des gestes au masculin

Le doigt sur la tempe est utilisé deux fois plus par les hommes que par les femmes.

L'homme se caresse le menton à rebrousse-poil, c'est un geste de réassurance que la femme n'utilise pas!

Les deux mains sur les hanches sont utilisées dix fois plus par les hommes.

L'homme peut mettre ses mains au revers du veston, la femme ne le fait que très rarement.

Au démarrage d'une prise de parole ou d'une action engageante, le geste de présentation des hommes est de se remonter le pantalon. Les femmes, même en pantalon, l'utilisent peu.

Un appel sexuel?

Les femmes se touchent trois fois plus les cheveux que les hommes!

Pour accentuer la perception que l'on peut avoir face à ce geste, l'expérimentateur fait un renforcement, c'est-à-dire qu'il fait passer plusieurs femmes se touchant les cheveux de diverses manières devant une salle où il n'y a que des hommes. Les observateurs, après ce défilé, doivent mettre une croix et une seule face à l'un des choix qui leur sont proposés. Ces choix vont de: « Est-ce que pour vous cela représente : la gêne, la coquetterie, un geste de présentation, un autocontact comme un autre, un grattage… »

Tous les hommes mettent la croix face à la proposition: « un appel sexuel ».

N'oublions pas qu'il y a eu renforcement par la répétitivité du geste sur des sujets féminins différents. Ce n'est pas le message volontairement émis, mais le message perçu comme tel!

Et ne pensez pas que ce geste est féminin parce que ces dames ont plus de cheveux: même avec des cheveux courts, vous verrez souvent un petit geste de l'index passer derrière l'oreille.

Les gestes autonomes

On les appelle des gestes autonomes. Reste ancestral de notre comportement, les gestes autonomes sont encore plus éloignés de notre volonté que les auto-contacts, puisque ce sont des gestes réflexes.

Poils hérissés

Le peu de poils qu'il nous reste se dresse encore dans la peur ou la colère, comme le ferait un chat pour doubler de volume. Cela ne se voit plus et ne fait plus peur à personne, mais notre corps poursuit sa manœuvre d'intimidation. Le poil reste pour l'homme un symbole de virilité, un rappel du vieux « singe nu » que nous sommes. Les expressions ne manquent pas de nous le rappeler: « les poilus de 14 », « il reprend du poil de la bête », « il a du poil au menton », « c'est au poil », « à poils », « pile poil », « il a un poil dans la main », « dans le sens du poil », « à rebrousse-poil »...

Tremblements

Le tremblement, manifestation du froid ou de la contraction musculaire, n'est que l'expression du corps ou d'une partie du corps en hypertonicité. Le trac, par un débordement d'adrénaline, crée ce phénomène et paralyse les muscles: « Je tremble à l'idée de... » Le tremblement dans la voix est dû à une mauvaise émission de l'air. L'émotion nous fait parler en apnée, on a du mal à reprendre son souffle.

Sudation

La transpiration, effet d'une surchauffe, n'est que la manifestation d'un feu intérieur qui n'est pas toujours dû à la chaleur environnante. La peur, le trac, l'enjeu nous donnent la fièvre et des gouttes de sueur: « Les moments difficiles me font suer. »

Rougissement

« L'hominidé » que nous sommes projette du rouge sur son visage et sur la gorge (la zone du corps la plus regardée en communication), dans la peur ou dans la colère, pour se défendre ou faire peur à l'autre. « Il rougit de honte », « Il est rouge de colère. »

Bouche sèche

Le verre d'eau ne sert pas à grand-chose quand les glandes salivaires ne fonctionnent plus (comme lorsque vous dormez); trente secondes après avoir bu, à cause du stress, la bouche redevient sèche. Les situations difficiles bloquent la sécrétion salivaire, la bouche devient pâteuse, les lèvres sèchent malgré un passage fréquent de la langue. Une des solutions est de se mordre fortement la langue. Essayez, cela vous fera saliver. Il faut reconnaître que ce n'est pas très agréable, et puis se mordre la langue si l'on est en train de parler...

Vous tremblez de trac? Bougez!

C'est dans l'immobilisme que sont visibles les tremblements, pas dans le mouvement.
- Bougez, faites des gestes, changez la feuille de main...
- Si vos jambes tremblent de peur, déplacez-vous.

Vous transpirez? Prenez du sel!

Si vous n'êtes pas au régime sans sel et que le moment est capital, s'il est important pour vous d'éviter une transpiration qui peut vous être néfaste, lors d'un rendez-vous ou d'un événement à fort enjeu, prenez une cuillère de sel une demi-heure avant. Cela provoquera une rétention d'eau, votre front restera sec, mais vous aurez soif en sortant!!!

Vous rougissez? Dites-le!

La respiration peut vous aider. Mais surtout, si vous rougissez, vous vous dites « cela se voit! » et vous rougissez encore plus. C'est l'escalade. La plupart de ces situations vous autorisent à dire à voix haute avec un sourire: «Vous me faites rougir! » ou « Je suis en train de rougir. » Cela évitera cette escalade.

Vous avez la bouche sèche?

La solution est de se créer un réflexe pavlovien. Pensez à quelque chose qui vous fait saliver, un citron coupé ou mordu à pleines dents par exemple. Recréez plusieurs fois ce processus et bientôt, en toutes circonstances, le fait de penser à ce citron provoquera un afflux de salive. Essayez-le maintenant, ça marche!

Comment mémoriser plus vite et mieux

Apprendre un texte les mains derrière le dos ou les bras croisés, voilà une chose dont les comédiens seraient bien incapables.
Le geste et le mouvement sont les armes secrètes de mémorisation pour l'acteur. Utilisez les mêmes procédés et vous verrez que vous aussi vous avez de la mémoire!

Si vous avez un texte, une leçon, un discours à apprendre par cœur:
- Scindez-le en plusieurs grandes parties.
- Apprenez chaque partie dans une pièce différente de votre appartement. La première dans la cuisine, la deuxième dans votre salon, la troisième dans votre chambre…
- Si vous n'avez qu'un studio, apprenez chacune des parties dans une situation différente: la première dans le fauteuil, la deuxième sur la chaise, la troisième assis sur la table…
Le tout, à voix haute, sans changer de parcours et avec des gestes…

Le jour où vous aurez à restituer le texte, vous referez mentalement le trajet et vous vous reverrez dans des lieux mémorisés par votre vécu.
Vous allez être stupéfait de votre mémoire!

La mémoire du geste

Certains gestes disparaissent ou se modifient dans le temps. Les modes, les usages, l'objet même de leur existence les modifient.

Les gestes reliques

Au début du siècle, pour faire signe à quelqu'un qu'on le demandait au téléphone, on tournait une manivelle verticale imaginaire. Pour indiquer un moulin à café, on faisait de même mais à l'horizontale… Ces gestes n'ont plus cours de nos jours: le téléphone est à touches et les moulins à café deviennent des outils de collection.
Le geste relique peut perdurer tout en changeant de signification.
- Les Grecs lancent encore la main vers vous, doigts écartés, pour vous injurier. Ils appellent cela « la moutza ». Ils savent que c'est une injure, mais ne savent plus pourquoi. Ce geste n'est que la relique de celui qui consistait, chez leurs anciens, à jeter réellement à la figure des prisonniers que l'on faisait défiler dans la rue les détritus et autres restes nauséabonds.
- Lorsque vous croisez le majeur sur l'index en disant « bonne chance » à quelqu'un, vous lui faites, sans le savoir, le signe de croix dont usaient les premiers chrétiens pour se reconnaître entre eux.
- Le pouce en bas, pour demander la mort du gladiateur vaincu représentait le glaive sorti de son fourreau (la main). Pour demander la vie sauve, les Romains levaient haut le poing, le pouce dissimulé sous les autres doigts. Le glaive était symboliquement entré dans son fourreau.
De nos jours, plus de glaive ni de fourreau: pouce en bas « tout va mal », pouce en haut « tout va bien ».

Votre corps est un aide-mémoire

Lorsque nous ne savons plus ce que nous sommes venus chercher dans une pièce, c'est en refaisant le trajet que nous nous en souvenons à nouveau.
Combien d'entre nous sont capables de faire sans réfléchir le code d'accès de leur immeuble mais ne peuvent pas dire, sans un effort, les numéros qui le composent?
La mémoire gestuelle vous fait vivre. Vous avez appris à tenir une fourchette et, chaque fois que vous vous mettez à table, vous ne faites aucun effort de mémorisation, votre main sait toute seule la prendre et la tenir comme il faut.

Testez vos connaissances

La petite histoire qui suit reprend une grande partie des éléments constitutifs de « L'homme dans l'espace » et du « Langage silencieux ». À vous d'en décoder les signifiants. Chaque ligne correspond à une information non verbale. Comptez vos points.

1. Madame est seule à la table d'un salon de thé.
2. Monsieur, à quelques mètres d'elle, est accoudé au bar.
3. Il fait tinter deux glaçons dans son verre de bourbon.
4. Elle promène un regard distrait.
5. Lui la regarde fixement.
6. Madame sent tout à coup qu'on la regarde, elle n'est pas à l'aise.
7. Du plat de la main, elle repousse quelques miettes de viennoiseries.
8. Monsieur se pince le lobe de l'oreille.
9. Elle se sert une dernière goutte de thé.
10. Monsieur pose son verre et se lève.
11. Elle remonte un peu ses manches.
12. Il remonte son pantalon.
13. Madame a passé sa main dans ses cheveux.
14. Elle ramène maintenant une mèche derrière l'oreille.
15. Monsieur se dit que c'est bon signe.
16. Il s'approche à quelques pas d'elle.
17. Madame prend une cigarette.
18. Monsieur sort son briquet.
19. Elle le remercie d'un mouvement de tête.
20. Monsieur se caresse le menton à rebrousse-poil.
21. Elle regarde ailleurs.
22. Monsieur se frotte la joue.
23. Elle a un léger rictus sur le côté.
24. Il lui sourit de toutes ses dents.
25. Monsieur se rapproche encore.
26. (Mais nous sommes trop loin pour les entendre.)
27. Madame vient de croiser ses jambes en scoubidou.
28. Il s'est assis à côté d'elle.
29. Elle s'est mise de profil.
30. Monsieur a relevé le menton.
31. Il penche le buste vers elle.
32. Monsieur a posé une main à lui sur son genou à elle.
33. Madame lui a retourné une paire de gifles.

Tout ce décryptage se trouve à un moment ou à un autre dans ce recueil.

Hugh!

Les différentes tribus indiennes n'avaient pas le même langage. Un Sioux ne comprenait pas un Apache, un Apache ne comprenait pas un Comanche… Pourtant, quand ils décidèrent de se rassembler pour lutter contre l'homme blanc, ils y parvinrent facilement. C'est que, si leurs mots n'étaient pas les mêmes, la gestuelle pour les désigner était commune. Pourquoi? Comment? Personne aujourd'hui n'apporte de réponse satisfaisante.
Relique universelle d'un langage commun à l'origine?
Plus étrange encore, les Indiens d'Amérique comprennent presque instantanément le langage idéographe des sourds-muets, alors que l'inverse ne fonctionne pas!

LE DÉCODAGE DES GESTES MODE D'EMPLOI

Pour mieux connaître ce que ressent et pense réellement votre interlocuteur, quelle crédibilité donner à chacun des marqueurs dont nous avons parlé?

● Extrêmement crédibles:
- Les gestes autonomes.
- Les autocontacts museau (zone du nez au menton).
- Les autres autocontacts (main-main, mains-buste).
- Les familles prédominantes des gestes illustrateurs.

● Très crédibles:
- La cohérence entre le dit et le non-verbal.
- Les activités de dérivation (manipulation d'objets).
- Les mouvements des jambes et des pieds.

● Crédibles:
- Postures du buste: dissonance ou pas.
- Regard.
- Les mouvements de visage.

● Peu crédibles:
- Les emblèmes.
- Le verbal.

Décodage

1. C'est son territoire personnel ponctuel.
2. Par rapport à elle, son territoire est en zone publique rapprochée.
3. Geste rythmique, activité de dérivation.
4. Regard non directif.
5. Regard directif.
6. Situation ambiguë, le regard n'est pas facilitateur.
7. Activité de dérivation (« Je fais table rase, je prépare le terrain »).
8. Autocontact de réassurance (« Est-ce que je vais oser y aller? »).
9. Reprise de rituel social (« Je suis là pour boire un thé »).
10. Changement de posture.
11. Préparons-nous. Adaptateur-objet. Geste essentiellement féminin.
12. Geste de présentation. Adaptateur-objet (« Allez! On y va! »).
13. Activité de dérivation. Geste périphérique.
14. Justification du premier. Geste redirigé.
15. Perçu par les hommes comme un appel sexuel.
16. Passe de la zone publique à la zone sociale.
17. Adaptateur-objet pour activité de dérivation.
18. Geste rituel de savoir-vivre (« Je suis bien élevé! »).
19. Geste régulateur de tête (« Je veux bien, merci »).
20. Autocontact de réassurance (« J'ai du poil au menton »).
21. Fuite de regard.
22. Autocontact de perplexité (« Ça va pas être facile! »).
23. Sourire asymétrique (dérision: « On ne me la fait pas, à moi! »).
24. Sourire « vrai » aux États-Unis («Je mordrais bien à pleines dents »).
25. Il passe en zone personnelle.
26. Nous sommes en zone publique éloignée.
27. Posture partielle en contraction (attitude fermée, « Je cadenasse »).
28. Il entre en zone intime.
29. Posture en rejet (attitude de défense).
30. Posture partielle en extension (attitude de domination).
31. Posture partielle en approche (attitude de partage).
32. Hétéro-adaptateur.
33. Communiquer: toute action d'un organisme sur un autre déclenche un comportement!

Vos résultats

De 0 à 5: Vous avez dû sauter les chapitres en question!
De 5 à 10: Un refeuilletage vous ferait du bien.
De 10 à 20: Vous devenez expert en gestuologie.
De 20 à 33: Bravo! Vous auriez dû écrire ce livre à notre place!

Le jeu de dire

Être entendu, écouté et compris

Quelle que soit votre prise de parole, qu'il s'agisse de raconter une histoire à un enfant, de discuter avec votre voisin de palier, de parler en réunion, de vous entretenir avec votre collaborateur, d'expliquer à votre médecin, de répondre à un entretien d'embauche ou toute autre action communicative, vous parlez pour être entendu, écouté et compris.

Être entendu

Nous devons d'abord nous faire entendre, c'est-à-dire aller jusqu'à l'autre, faire parvenir jusqu'à ses oreilles et dans le meilleur état possible ce que nous avons à lui dire (entendre est une attitude passive). Il s'agit d'un acte purement technique et mécanique.

Être écouté

Dans un deuxième temps, nous devons susciter et maintenir son attention pour qu'il nous écoute (écouter est une attitude active). Obtenir sa participation. Pour y parvenir, d'autres éléments de savoir-faire devront être mis en œuvre pour l'inciter à cette écoute.

Être compris

C'est parce qu'il nous aura entendus, puis écoutés, que notre interlocuteur va nous comprendre. Dans cette étape finale, nous devons nous préserver au mieux de toute distorsion, de toute interprétation qui ne collerait pas avec ce que nous voulons « faire passer ». Être compris, c'est se donner les moyens de convaincre.

Vous parlez:

- Il vous entend (acte involontaire).
- Il vous écoute (acte participatif).
- Il vous comprend (interprétation).

Bonjour !!!

Ne pas « casser la voix»!

En gardant le menton à l'horizontale, cherchez la note la plus grave émise dans le son « A ». Cherchez la note la plus aiguë en émettant le son « I ». Votre médium du jour est entre ces deux notes!

Votre répondeur dit la vérité

Personne ne reconnaît sa voix, personne ne l'aime. Il nous est même arrivé d'entendre quelques participants à nos stages assurer que nos appareils d'enregistrement ne marchaient pas.
Nous leur avons demandé s'ils reconnaissaient la voix des autres: « La voix des autres oui, mais pas la mienne! »
Il ne faut pas s'en étonner. Nous entendons à longueur de journée notre voix par l'oreille interne, une transmission osseuse, avec nos cavités de résonance nasales, nos cavités de résonance buccales... Quand nous l'entendons de l'extérieur, nous ne la reconnaissons plus. C'est pourtant la voix qu'entendent les autres!

La voix

La voix, votre voix va sans doute être modifiée par l'émotion. Vous aurez l'impression qu'elle vous lâche, que vous ne la maîtrisez plus. Elle tremble et, dans les cas de stress ou de trac les plus aigus, vous êtes pris d'une sorte d'aphonie.

Le spectre vocal

L'appareil vocal est d'une complexité telle qu'il n'est pas difficile de s'y perdre! Outre les poumons qui représentent la soufflerie, il se compose du larynx, mais aussi de la glotte, l'épiglotte, le voile du palais, les cavités de résonance nasales et buccales, les cordes vocales...

L'étendue: c'est l'ensemble des notes que l'on émet avec plus ou moins de difficultés de la plus grave à la plus aiguë.

La tessiture: c'est l'ensemble des notes que l'on peut émettre avec un minimum d'efforts. Le médium est le point médian de la tessiture qui permet de moduler les sons vers le haut ou le bas sans risque de fatigue. Pour travailler sa voix, on la place dans le médium.

L'intensité

C'est la force vocale, celle qui vous permet de vous faire entendre en fonction de la distance qui vous sépare du récepteur. Nous sommes généralement bien étalonnés et notre regard programme directement la force de notre voix pour s'adapter au lieu, à l'environnement, à la situation.
Une voix trop aiguë (voix de gorge) nous fragilise et oblige les cordes vocales à des efforts musculaires qui les fatiguent.
Parler haut trop longtemps, c'est se préparer une aphonie pour le lendemain.

Être sur la bonne voix

Une bonne voix devra donc rester dans le médium, s'appuyer sur le diaphragme (voix de poitrine). Elle gagne en résonance, mais il faudra la placer dans le mascue (la bouche, les lèvres) pour ne pas perdre en projection.

L'articulation

Une articulation claire, sur laquelle vous pourrez vous appuyer, donnera à votre parler une image de fermeté et d'assurance.

Les consonnes

C'est en s'appuyant sur les consonnes que vous donnerez du poids aux mots. « Appuyez-vous sur les consonnes, disait Charles Dullin, ce sont les jambes de devant du cheval, les autres suivront. » Et Louis Jouvet disait : « Si tu aimes, fais sonner le "m", tu aimeras mieux. »

Les gutturales	H.G. (gosier)
Les palatales	K.G.J.CH.Q. (palais)
Les nasales	M.N. (nez)
Les linguales	L.R.S.Z. (langue)
Les dentales	D.T. (dents)
Les labiales	B.P.F.V. (lèvres).

Les voyelles

- C'est en allongeant les voyelles et diphtongues que l'on donne de la largeur et de l'amplitude au son : « La Fraaaaannnce » de De Gaulle. Cette technique permet d'être entendu de loin, sans forcer la voix. Les sons arrivent larges et détachés.
- Ouvertes ou fermées, les voyelles caractérisent l'accent.

Le training d'articulation

Bien articuler est la première des politesses que vous devez à ceux qui vous écoutent. C'est en actionnant les muscles circulaires qui entourent la bouche que vos lèvres obtiendront la mobilité nécessaire. L'application que l'on porte à bien sculpter les sons nous oblige, en début d'apprentissage, à faire des grimaces. C'est au prix de cet effort que vous éclairerez votre image sonore.

Les lèvres vont vers l'avant
Musc - dune - rustre - rhume - cruche - lustre - frustre - juste - buste - plus - turc - brute - prune - brume - buffle - bûche.
Les lèvres vont vers l'arrière
Sec - texte - presque - geste - terre - fresque - elle - benne - herbe - pic - tic - tchèque - chèque - peste - prêtre - piètre.
Mixte des lèvres (par exception faire sonner le « e » final)
Tige - bridge - type - guide - grippe - crise - brise - éclipse - liste - lettre - palme - sèche - claque - alpes - palpe - gamme.
Détachez chaque syllabe (tion = si.on.)
Accessoire - restitution - ébullition - obstruction - abstraction - décoction - spoliation - inspecter - extraction - surexposition.
Mobilité de la langue
Si Liza s'enlise dans les liserons Liza salira ses lisses lacets.

« Parler dans ses bottes »

C'est l'expression employée par les acteurs pour signaler que quelqu'un parle sans articulation et sans intensité, comme s'il se parlait à lui-même.

Ma pipe!

Ne soyez pas étonné si, passant dans les loges des acteurs de théâtre avant une représentation, vous entendez de toutes parts des « ma pipe! ma pipe! » : ce ne sont pas des fumeurs en manque. Ils se chauffent la voix : « ma » dans les graves et « pipe » dans les aigus. D'autre part, le « ma » sert à placer les sons dans le masque (nasales) et le « pipe » force à la projection des plosives.

Oh mon pôvre!

L'accent du Midi dit « chantant » passe par ces syllabes « loooongues » et larges qui poussent les méridionaux à faire sonner les « e » muets, ou même à en ajouter où ils ne sont pas : « Oh peuchèèèère ! J'ai crevé un peuneu ! »

Les « S » et les « CH »

● Voici six chasseurs déchaussés se séchant sans séchoir.
● Le cheval et le chameau cherchent chacun le chemin.
● Ces six saucisses-ci c'est six sous et ces six saucissons-ci c'est six sous aussi.
● Ciel si ceci se sait ces soins seront sans cesse censurés.
● Le taxi risque une rixe s'il s'immisce sans cesse avec excès et sans accepter la taxe excessive fixée par le fisc.
● Sachant chez Chaussechasse choisir ses sacs chausses chaussures, ce cher Serge Suchet sait ses choix sûrs.

Plusieurs difficultés

● Roi Paragarapharamus, quand vous désoriginaliserez-vous ? Je me désoriginaliserai quand le plus original des originaux se sera désoriginalisé. Or, comme le plus original des originaux ne se désoriginalisera jamais, Roi Paragarapharamus ne se désoriginalisera jamais.
● Je veux-et j'exige d'exquises-excuses (d'un trait et avec les liaisons, s'il vous plaît !).

Les défauts d'articulation

La plupart des défauts d'articulation sont dus à une mauvaise position de la langue. Ce n'est pas pour rien que l'on dit « défaut de langue ». La difficulté pour parvenir à corriger cette position vient d'une habitude musculaire qu'il va falloir changer.

Pour corriger le « seuveu » sur la langue

Consiste à changer les « S » en « Z » (zilence), les « CH » en « S » (tousser pour toucher) et les « G » en « Z » (il est zentil pour gentil). Le « seuveu » sur la langue peut paraître amusant chez un tout jeune enfant, mais attention il faut le corriger impérativement vers les 6 ou 7 ans. Plus tard, cela sera difficile. Attention ! Cette blésité vient souvent d'une déformation due aux succions de pouce prolongées dans l'enfance. Le défaut vient d'une position du bout de la langue trop avancé sur les dents. Le « the » anglais.

- Reculez d'abord la langue pour qu'elle ne touche pas les dents. Courbez-la en la pointant vers le haut sur le devant du palais.
- Avancez les lèvres en « passage d'œuf ».
- Faites passer l'air entre le palais et la langue en émettant les sons « cha » « che » « chi » « cho » « chu ».

Pour les « j », c'est le même travail, mais la langue descend un tout petit peu plus bas : « ja » « je » « ji » « jo » « ju ».

Pour corriger votre zozotement

La position de la langue est aussi trop avancée sur les dents.

- Ramenez la langue un peu en arrière, mais cette fois-ci sans la courber vers le palais. Serrez les dents.
- Faites siffler l'air sans desserrer les dents et sans que la langue les touche. Tirez les lèvres ouvertes vers l'arrière.
- Ouvrez brusquement les dents en faisant exploser les sons « sa » « se » « si » « so » « su ».

La langue n'aura pas le temps de venir entre les dents.

Pour corriger votre chuintement

Les « S » se transforment en « CH » : « je chuis venu », « pour les véchés ch'est au chous-chol », « un chou ch'est un chou ».

Nous sommes ici dans un placement de langue exactement contraire au précédent. Nous allons devoir travailler de façon inverse, puisque cette fois il faut changer vos « CH » en « S ».

- Serrez les dents. Pointez la langue sur les dents du bas.
- Commencez ainsi par passer les sons « za » « ze » « zi » « zo » « zu », la langue toujours en appui sur les dents du bas.
- Dans un deuxième apprentissage, passez aux « S » en la remontant légèrement.

L'articulation imparfaite

Sans qu'il y ait pour autant un réel défaut de langue, les imperfections sont souvent la conséquence de laisser-aller...

Le sifflement

Souvent dû à la morphologie de la mâchoire inférieure, à l'implantation des dents, ce sifflement ne peut disparaître.
- Les sifflantes se font sentir davantage dans les sons « l ».
- Si vos « S » sifflent et que vous utilisez un micro, mettez une bonnette de mousse et placez le micro sous la bouche et non en face.

Corrigez votre grasseyement

À l'intérieur d'une syllabe, le « R » disparaît. Cette mauvaise articulation vulgarise le parler. Le journaliste Philippe Leclerc fait remarquer qu'un « footing de quat'kilomèt'est beaucoup moins long qu'un footing de quatre kilomètres ». Ce type de défaut vient d'une mollesse de l'articulation. La vitesse du parler peut aussi en être la cause. C'est souvent en fin de mots que la diphtongue n'est pas articulée.
- Apprenez tout d'abord à détacher les sons « que reu » pour creux, « que ri » pour cri, « te ri » pour tri.
- Mélangez les sons par la suite pour donner à votre langue la dextérité nécessaire. Bougez les lèvres.

Le bredouillement

Dans le bredouillement, les syllabes ne sont pas distinctement détachées. Cela provoque l'amphibologie: deux syllabes se transforment en une seule et le sens peut changer.
« De petites roues » s'entend « deux petits trous ».
« Père de quatre enfants » ou « perdre quatre enfants ».
« Il frappe à la porte » devient « il frappa la porte ».

Corrigez votre tendance au bafouillage

Il apparaît dans les moments de gêne et de stress. Inversions de syllabes, ac... crochages: « Je l'ai noté dans mon calipin, heu dans mon clapinle, non dans mon quelapin, enfin quoi je l'ai noté dans mon... dans mon agenda, voilà! »
Si vous avez une fâcheuse tendance au bafouillage, cela peut venir de deux causes différentes: vous pensez à ce que vous voulez dire ensuite et vous n'êtes pas « sur le coup ». La deuxième raison est évidente: tout simplement, vous n'utilisez pas suffisamment les muscles circulaires qui entourent la bouche.
- Lorsque vous butez sur un mot, prenez le temps de respirer avant de le reprendre.
- Entraînez-vous à la mobilité des lèvres.
- Façonnez les mots et les syllabes en grimaçant exagérément.
- Entraînez-vous sur les exercices de la page 68.

Le bégaiement

Il s'agit bien d'un handicap difficile à corriger, parce que souvent dû au dysfonctionnement des zones corticales et limbiques. Le redoublement se fait surtout au démarrage des mots. Prendre son temps et sa respiration peut donner de bons résultats.

Les bègues orateurs de l'histoire

- **Démosthène, bègue, perdit un procès contre son tuteur, qui l'avait volé mais qui, devant la justice, s'était mieux défendu que lui. Furieux, il décida de travailler l'art oratoire (face aux vagues, petits cailloux dans la bouche, la pointe d'une hallebarde pendant au-dessus des épaules pour éviter les haussements). Il resta bègue, mais devint un grand orateur.**
- **Le journaliste révolutionnaire Camille Desmoulin était bègue. Pourtant, le 13 juillet 1789, il monte sur une table du jardin du Palais royal et harangue longuement la foule sans buter sur un seul mot. Après son discours, il redescend de la table et... se remet à bégayer. Le lendemain, il raconte cela dans une lettre à son père sans pouvoir l'expliquer.**
- **À la Convention, le révolutionnaire Boissy d'Anglas bégayait aussi. Le peuple l'appela très vite « Babebibobu ».**

VOIX ET ARTICULATION MODE D'EMPLOI

- **Placez votre voix dans le médium (pas trop haut, ni trop bas).**
- **Placez les sons dans le masque (en avant du visage).**
- **Harmonisez votre force vocale avec la distance à atteindre (regard).**
- **Appuyez-vous sur les consonnes.**
- **Pour parler loin, élargissez les voyelles et les syllabes longues.**
- **Corrigez vos défauts d'articulation par des exercices.**
- **Maîtrisez vos liaisons.**

Les liaisons

L'absence de liaison donne un parler vulgaire, mais trop en faire ou mal les faire n'est pas nécessairement de meilleure facture. « Lorsque le diseur décide de ne pas faire la liaison, il doit nettement marquer l'arrêt entre les mots » dit un grand technicien de l'art de la parole, G. Le Roy.

Les liaisons interdites

- Naturellement, il y a les fameux « H » aspirés.
- Entre les noms propres, on ne fait pas de liaison non plus : « Diderot t'et d'Alembert », non !
- Les consonnes muettes ne créent jamais de liaison : « un écolier r'attentif » ne se dit pas ou « le gouvernement t'allemand », comme le dit le premier des Français, est une faute !

Les liaisons particulières

- Dans sa liaison avec la voyelle qui suit, le « D » doit se transformer en « T » : « la poule pond t'un œuf », « un grand t'écrivain ».
- De la même manière, le « G » se transformera en « Q ». On doit dire : « un long q' argumentaire » ou « un long q' entretien ».
- Dans les finales en « RT » ou « RD », la liaison doit se faire avec le « R » : « c'est fort r'agréable » et non « c'est fort t'agréable ».

Les liaisons dangereuses

Jamais de liaison si elle doit provoquer un redoublement de son : « il parlait t'à ta concierge » ou « partout t'où les gens… ».

Être écouté

Comment expliquer que la même personne dialoguant à bâtons rompus avec des amis retrouve sa vivacité, sa richesse d'intonation, sa vérité, son énergie? Comment se fait-il qu'elle redevienne vivante?

Du réciter au parler

Lorsqu'un orateur fait un exposé, quand quelqu'un parle seul à plusieurs personnes, lorsqu'un postulant se présente pour un entretien ou qu'un étudiant soutient une thèse... Dans tous ces moments où l'enjeu est d'importance, pourquoi le ton devient-il très vite monotone, sans relief, monocorde, sans âme...?

La conversation, le dialogue entre amis, la discussion sans conséquence, vous connaissez! L'interaction fait partie de votre vie relationnelle quotidienne, vous en avez la pratique. Vous n'êtes peut-être pas brillant, vous n'avez peut-être pas une fluidité verbale extraordinaire, vous êtes peut-être timide, vous articulez sans doute mal, mais on vous entend, on vous comprend. Il faut bien faire avec et vous faites « avec »! Mais parler seul face aux autres, argumenter, exposer ou répondre à des questions dont va peut-être dépendre votre avenir, c'est une autre affaire. Quelles expériences avez-vous? À quel cadre de références pouvez-vous vous raccrocher? Quand avez-vous vécu ce type de situation pour la première fois?

Voilà le piège! Comme à l'école!

Cette pratique d'élève récitant sa leçon devant le professeur qui attend la fin pour vous noter, vous la connaissez bien! Cette épreuve où vous étiez seul sur une estrade pour prouver votre savoir. Ces questions auxquelles il vous fallait bien répondre sous peine de mauvaises notes, vous vous en souvenez. Votre premier système de références est là.

Vestige sans doute de l'importance de la chose écrite, à l'âge où nous apprenions à réfléchir et à communiquer, notre enseignement reposait essentiellement sur ce mode d'expression qu'est l'écrit. Oui mais voilà, l'écriture est essentiellement linéaire et nous n'avons même pas, nous, Français, d'accent tonique codifié dans l'écriture.

Et ce n'est pas tout! Les modes de communication sont différents. Les veillées autour de la cheminée, où chacun racontait son histoire, pouvaient servir d'apprentissage à la parole: la télévision a remplacé le feu de cheminée, la vidéo a largement relayé les supports dessins et photos. Aujourd'hui, l'orateur se retrouve quelquefois projeté sur un mur d'images de douze mètres carrés et en gros plan par-dessus le marché! En petit comité, dans l'entreprise, les réunions en tout genre se multiplient et nous continuons « à parler comme un livre » par manque de savoir-faire.

Musique sous-titrée

Nananana nanana nanana
Maître Corbeau sur un arbre perché
Nana nanana nanana
Tenait en son bec un fromage
Nananana nanana nanana
Maître Renard par l'odeur alléché
Nana nanana nanana
Lui tint à peu près ce langage...

Il en fut ainsi pour toutes nos leçons. Nous avons, au fil du temps, perçu le silence comme un non-savoir, l'expression d'un trou de mémoire, d'une faute.

À coup de récitation...

Vous a-t-on dit autre chose dans votre scolarité que: « récite-nous ta leçon » au lieu de « dis-nous ce que tu sais »? Ce handicap culturel nous a marqués profondément. Alors, quand nous parlons dans des circonstances à fort enjeu, nous continuons à réciter et remplissons les trous par crainte des silences, nous les meublons de grands « heu... » perturbateurs qui n'apportent franchement rien à notre prise de parole mais qui disent: « Ne vous inquiétez pas, je sais, ne me coupez pas, je vais vous dire... »

… et de dictées

Autre apprentissage ! C'est à coups de dictées que l'on nous a asséné les règles de la ponctuation. Oui, mais voilà, il s'agit bien d'une ponctuation écrite.

Nous avons appris à faire un court silence à la virgule, un silence plus long au point-virgule et un silence encore plus long au point. Pour couronner le tout, notre instituteur s'appliquait à baisser la voix pour bien nous faire sentir la fin de la phrase.

Finir toutes ses fins de phrases avec une intonation basse crée cette monotonie, cette triste mélodie qui fait que l'on ne soutient pas l'expression de sa pensée jusqu'au bout… Et que les autres s'endorment. Le fait d'avoir appris à faire des silences après ces ponctuations, et uniquement là, nous a conditionnés pour ne pas en faire ailleurs.

« Un texte, disait Louis Jouvet, c'est avant tout une respiration ! »

Et la respiration orale, ce sont les silences.

Ce silence qui, nous ne le répéterons jamais assez, est la base de toute expression verbale de qualité.

À la gloire de la monotonie

Depuis des années, nous faisons lire à nos stagiaires le texte qui suit, tiré de *Le soleil se lève aussi* d'Hemingway. Nous avons choisi ce texte parce que, justement, il est truffé de points. Eh bien, voilà le schéma sonore invariablement linéaire de la lecture que tous nous font:

> « Montoya frappa à la porte et l'ouvrit. C'était une chambre obscure. Un peu de jour entrait par une fenêtre qui donnait sur une ruelle étroite. Il y avait deux lits séparés par une cloison monastique. La lumière électrique était allumée. Le jeune homme était debout, très droit, très sérieux dans son costume de torero. Sa veste pendait sur le dossier d'une chaise. On achevait de lui enrouler sa ceinture. Ses cheveux noirs brillaient sous la lumière électrique… Je n'avais jamais vu un aussi beau garçon. »

Le tracé représente la platitude de l'inflexion. À cette expression sans relief vient s'ajouter la chute irrémédiable vers les points. Cette intonation tombante et répétitive va alourdir encore le phrasé.

On remarque aussi que les respirations, donc les silences, ne se font qu'aux points et aux virgules. Le lecteur s'enferme dans cette ponctuation nécessaire et incontournable pour faire passer un message écrit, mais inadaptée à l'interprétation orale.

Donnez de la couleur aux mots!

L'oral nous permet de moduler notre voix dans les inflexions (les intonations), dans la force vocale (le volume), dans la fréquence (graves et aigus).

Lorsque nous parlons, nous donnons de la couleur aux mots.

Le parler est incontestablement plus riche et plus authentique que l'écrit, car il se nourrit de subtilités intraduisibles, de ressentis et d'intentions réagissant en temps réel. On peut écrire « non! » en minuscules ou en majuscules, en italique ou en gras… Mais on peut le dire de tant de façons!

L'instrument vocal (il s'agit bien d'un instrument) peut appuyer sur certains mots (scansions), laisser en suspens certains autres (silences), rythmer une expression (variation de débit), élargir les sons, en raccourcir d'autres… à condition de sortir du carcan de cette « ponctuation écrite ».

La ponctuation parlée

Passer de l'ctuit à l'oral est affaire de ponctuation. Se libérer du caret ı des points, des virgules et autres signes conventionxprs, c'est personnaliser son expression.

Soutenir ses attaques

Ce sont les crts ıts de prise de parole, les départs de grandes unités verbales, s reommencement des phrases, les reprises après les silences, et m e la première syllabe d'un mot.
Trop faible d'ımerd, le ton soutenu n'est généralement acquis qu'à la quatrième oıunitıquième syllabe du début d'une unité verbale! C'est une erreur!
Pour dynamisez f/otre prise de parole, commencez franchement vos interventionsite ıs de rodage, entrez tout de suite dans la couleur générale de us re propos. Cela est d'autant plus difficile que l'on commence s-ticlent par de petits mots outils: articles, prépositions, pronoms perouvnels. Ces petits mots qui ont souvent une grande importance s·. Oı la plupart du temps « mangés ». On les devine plus qu'on ne les end.
Soutenir ses a dques, c'est donner une impression de clarté, de compétence et d étermination dès le départ.

Déponctuer... pour reponctuer

Pour redonm, il :ette liberté à notre expression, il faut remettre à plat, redistribsave les bobines. Les comédiens le savent bien qui, s'ils s'en tenaientur, a ponctuation notée par l'auteur, diraient tous le même textees la même façon, avec les mêmes intonations, les mêmes silenc
Et l'on ne pou l'ait voir deux fois *Andromaque* ou *l'Avare*, sans s'ennuyer à mouı
Les acteurs t à t des alchimistes qui cherchent à s'approprier un texte d'autenutn lui faisant subir cette transmutation qui va de l'écrit au parlne ibour mieux le « digérer », comme ils disent, et trouver le phraserpı personnage qu'ils doivent interpréter. Pour faire « coller » le todite à leur propre ressenti, ils en modifient non pas les mots, mais la s sigctuation. Ainsi, au fil du temps, les signes d'une ponctuation oralerm tradition se sont installés. Ils permettent à chacun de retrouver eu de dire qui est le sien.

Le solfège du parler

C'est cette ρée ctuation de tradition, augmentée de nos propres signes d'ancie ci« alchimistes » de théâtre et de cinéma, que nous vous donnon: papprendre et pratiquer ce solfège parlé, c'est se donner les moyeı paıe faire un bon apprentissage du parler vrai et varié. C'est préparux és interventions pour être mieux écouté et mieux compris.

Il était une fois...

Quels que soient le thème, les circonstances, les situations, dites-vous toujours que vous racontez une histoire. Pensez systématiquement avant de commencer: « Il était une fois... » Allez chercher chez l'adulte l'enfant qui sommeille.
Comment racontez-vous une histoire à un enfant? « Alors... le loup (silence)...» « le méchant ogre... ouvrit la bouche et... » Vous faites de nombreux silences, pour que l'enfant fasse courir son imagination...
Faites la même chose avec les grands!

L'enjambement

Pour se libérer de l'acquis culturel de l'écriture, un bon exercice que nous faisons pratiquer depuis des années à nos stagiaires consiste à supprimer les points et à les passer systématiquement: c'est l'enjambement.

Passer les points

L'enjambement d'un point est une manière de « pont » qui relie la fin d'une phrase au commencement d'une autre.
Ex: « Il frappa à la porte et l'ouvrit. C'était… » (respiration).
Pour aider à ce passage, il suffit de faire un repère sur son texte. Au-dessus de chaque point, un petit pont devenu classique chez les comédiens leur permet de noter ce saut de ponctuation.

Code de ponctuation: l'enjambement

Pour passer d'une phrase à une autre sans s'arrêter aux points, on utilise au-dessus du point le signe:
Et on respire ailleurs!

Utilisation de l'enjambement

Pour accrocher une idée nouvelle à celle déjà exprimée et rebondir en relançant l'écoute de l'auditeur, l'enjambement est un atout non négligeable.L'enjambement permet aussi de forcer les changements d'inflexion et de rythme. Les enjambements se font alors d'autant plus facilement qu'ils s'appuient sur des conjonctions de coordination.

Les arpèges du parler

Pour vous familiariser avec cette technique, nous vous conseillons de lire le texte déjà lu précédemment avec la ponctuation écrite que nous vous avons signalée ci-dessous. Cette fois-ci, lisez-le en pratiquant les enjambements systématiques et les silences que nous vous avons imposés par signes. Cette ponctuation va vous obliger à faire de gros efforts pour supprimer les points. Ce ne sera certainement pas naturel, mais qu'importe. Il s'agit d'un exercice, au même titre que des gammes ou des arpèges pour un pianiste.

« Montoya frappa à la porte / et l'ouvrit. C'était / une chambre / obscure. Un peu de jour / entrait par une fenêtre / qui donnait sur une ruelle / étroite. Il y avait / deux lits / séparés par une cloison monastique. La lumière / électrique / était allumée. Le jeune homme / était debout / très droit / très sérieux dans son costume / de torero. Sa veste / pendait sur le dossier d'une chaise. On achevait / de lui enrouler sa ceinture. Ses cheveux / noirs / brillaient sous la lumière électrique… Je n'avais / jamais vu / un aussi beau garçon. »

« Taisez-vous Elkabach! »

La ponctuation orale de Georges Marchais lui permit toute sa vie de dire à ceux qui l'interrogeaient « laissez-moi parler, ne me coupez pas quand je cause… ».
Il était passé maître dans l'art de l'enjambement.
Pour éviter d'être coupé dans ses explications, il lui suffisait de respirer ailleurs qu'en fin de phrase.
Sa force était d'enjamber et de respirer après.
« C'est pourquoi, nous n'accepterons jamais un tel gouvernement mais alors… » (respiration) Si quelqu'un prenait la parole après ce « mais alors… », il lui coupait effectivement la parole. Il pouvait donc continuer: « … il faudra qu'il sache que nous serons toujours contre lui. Les travailleurs/… » (respiration). Et vous ne pouvez toujours pas parler. « … n'accepteront jamais de telles conditions. Par conséquent/ … ».
Et après de tels silences, il pouvait décider lui-même de changer de sujet!!!
« Tenez. Puisque je suis ici, je voudrais vous parler d'autre chose… »

Le silence

« Chaque atome de silence est la chance d'un fruit mûr » disait Valéry. Ce silence plein est à la base du bien-parler.

Le silence est la clé de voûte du savoir-dire

Il faut arrêter de penser que le silence est un blanc (ce qui nous ramènerait à l'écrit). Un silence est d'abord une respiration, il permet de laisser à l'autre le temps de comprendre ce qui vient d'être dit et d'attendre ce qui va suivre. Prenez conscience d'un facteur essentiel: le silence ponctue votre expression personnelle. Vous pouvez toujours vous arrêter où vous le souhaitez, lorsque vous parlez.

Faites l'expérience

Arrêtez-vous, à chaque nouvelle ligne, aux barres d'espacement que nous avons mises en guise de ponctuation. Assumez ce silence en le chargeant de sens et de réflexion. Ne descendez pas la voix aux «/».

Je peux m'arrêter où je veux quand je parle

Je / peux m'arrêter où je veux quand je parle.
Je peux / m'arrêter où je veux quand je parle.
Je peux m'arrêter / où je veux quand je parle.
Je peux m'arrêter où / je veux quand je parle.
Je peux m'arrêter où je / veux quand je parle.
Je peux m'arrêter où je veux / quand je parle.
Je peux m'arrêter où je veux quand / je parle.
Je peux m'arrêter où je veux quand je / parle.

Code de ponctuation: le silence

Pour apprendre à respecter des silences et mieux ponctuer, on utilise les signes suivants:

/	silence de 2 secondes.
//	silence de 4 secondes.
///	silence de 6 secondes et plus.

La peur du silence explique sans doute le remplissage fait de « heu » et l'introduction de certains mots parasites du style « je crois, on peut dire, il faut savoir, peut-être, je dirai… ».

Quelques remarques

- Le silence paraît toujours beaucoup plus long pour celui qui le fait que pour ceux qui écoutent.
- Le silence vous permet de respirer et de prendre le temps de relâcher les tensions.
- Le silence volontairement exécuté et bien assumé donne aux autres une impression de maîtrise et d'assurance.
- Les temps plus ou moins longs que vous mettrez à l'intérieur de votre jeu de dire soulignent les changements de rythme.

Lucien Guitry: « Les silences sont de moi! »

Sacha Guitry raconte que son père, le grand comédien Lucien Guitry, faisait parfois en scène des silences « joués » de plus de 30 secondes. Un jour, quelqu'un le félicitait en ces termes:
« La façon dont vous dites le texte de Monsieur Untel est merveilleuse, mais ce sont encore vos silences que j'admire le plus. »
Et Lucien Guitry de répondre: « C'est parce que les silences sont de moi! »

Alain Decaux: « alors… »

Souvenez-vous des histoires racontées par Alain Decaux à la télévision, seul face à la caméra. C'est la maestria avec laquelle il jouait des silences qui faisait que le téléspectateur buvait ses paroles.
Ses changements de rythme, du rapide au très lent, y sont aussi pour quelque chose!

ÊTRE ÉCOUTÉ MODE D'EMPLOI

- Soignez vos attaques.
- Pensez toujours: « Il était une fois... »
- La ponctuation parlée est différente de la ponctuation écrite.
- Vous pouvez prendre des respirations où vous le souhaitez dans vos phrases.
- Le silence est l'outil essentiel du jeu de dire. Il peut se placer // où vous le souhaitez.
- Maîtrisez votre débit en lui donnant des rythmes différents et contrastés.
- Faites des scansions sur les mots ou groupes de mots de valeur pour donner du relief à ce que vous dites.

Débit, rythme et scansion

Comme en musique, comme en peinture, c'est le changement de rythme qui colorera l'expression en variant les valeurs. La scansion est une sorte d'accent tonique que l'on peut placer selon son ressenti.

Les périodes

- Certaines périodes de notre exposé peuvent être plus rapides, ne serait-ce que pour valoriser celles qui le seront moins.
- Un bon débit n'est pas une simple moyenne de mots (140 mots/minute disent certains livres).
- Plus vous allez vite, plus les gens auront du mal à vous suivre.
- Plus le débit est uniforme, plus l'écoute décroche.

Les rythmes courts

- À l'intérieur des périodes, divers rythmes sont nécessaires.
- Ces petites variations vont porter sur des groupes de mots.

Code de ponctuation: débit et rythme

 Trois mots globalisés pour faire un ensemble

 Période rapide

 Période lente

La scansion

Appuyer sur le mot de valeur est le garant de la bonne compréhension. Vous le faites dans la vie de tous les jours sans y penser. Vous donnez du relief aux mots en fonction de vos ressentis: « C'est **im**possible! », « C'est **toujours** la même chose. »

Quatre scansions - Quatre sens différents

- J'ai le meilleur **produit**	(ce qui compte, c'est le produit).
- J'ai le **meilleur** produit	(il est meilleur que les autres).
- J'ai **le** meilleur produit	(c'est le seul).
- **J'ai** le meilleur produit	(c'est moi qui l'ai).

Code de ponctuation: la scansion

Pour noter une scansion, j'encadre le mot.

Être compris

Cela dépend de l'organisation de l'expression, mais aussi et surtout du vocabulaire mal adapté à l'autre.

Un parler simple

Ce n'est pas si simple! Pour arriver à cette simplicité, il faut connaître parfaitement ce dont on parle. Évitez les mots techniques ou rares, ils peuvent vous donner une image de savant, mais ils ne contribuent pas au large partage de la communication.

Un parler court

Attention aux incidentes! Ce sont souvent des phrases subordonnées qui viennent se greffer sur la principale et qui la compliquent. Méfiance aussi en ce qui concerne les périphrases et paraphrases qui ne clarifient pas toujours vos propos.

Un parler analogique

Une analogie bien sentie, prise dans le champ de connaissances de votre interlocuteur, vous permettra sans doute d'être mieux compris, mais aussi d'être mieux ressenti par lui et cela est essentiel dans l'échange. La faiblesse d'une argumentation analogique est le revers de sa qualité: il prend des raccourcis. On peut faire dire souvent n'importe quoi par le biais d'une analogie, qui peut elle-même créer une analogie contraire.

Un raisonnement logique

A contrario, la faiblesse d'une argumentation logique réside dans le fait qu'un seul élément manquant détruit l'argumentation dans son ensemble. C'est la raison pour laquelle ce type de raisonnement est souvent long. Le danger d'une logique trop rigide est de démontrer plus que de convaincre.

Les finales

Dans la langue française, la finale d'une phrase est généralement l'aboutissement de la pensée, le but même de l'expression qui la précède, et c'est cette finale-là qui tombe lamentablement. Nous avons vu, lors de l'enjambement, la difficulté que nous avons à sauter un point. Il s'agissait d'exercices. Naturellement, tous les points ne sont pas à sauter, le plus souvent le point demeure pour fermer le sens. Oui mais… Dans l'expression orale, on peut fermer le sens sans perdre le tonus vocal. Soutenir les finales, c'est soutenir son argumentation jusqu'au bout.

Code de ponctuation: les finales

Pour noter une finale à soutenir,
je mets une flèche au-dessus du point… ↗

La périphrase: plusieurs mots à la place d'un seul

« Le commandant du sous-marin plongea son œil dans l'instrument optique formé de lentilles et de prismes qui lui permettait de voir ce qui se passait au-dessus de l'eau… »
Tout cela pour dire que « le commandant du sous-marin regardait dans le périscope pour voir en surface »!
Le dictionnaire n'est fait que de périphrases!

La paraphrase: un rajout d'explications inutiles

« J'avais pris rendez-vous avec mon neveu, j'étais son oncle du côté de son père c'est-à-dire que son père était mon frère. Nous avions donc pris rendez-vous pour nous voir, nous avions décidé de nous rencontrer. Le rendez-vous était fixé à midi, le soleil était au plus haut dans le ciel… Il est arrivé sans se presser, il marchait, il ne courait pas… »

Les incidentes: des parenthèses accessoires

« Je suis parti à 17 heures (d'habitude je pars plus tard, mais là, ma femme finissait de travailler plus tôt), et j'ai donc pris l'autoroute du Sud (alors qu'en principe je sors plutôt par la nationale), je ne roulais pas très vite (généralement je suis quelqu'un de prudent), donc je roulais sur l'autoroute, quand… »

L'analogie est une comparaison

L'analogie commence par: « c'est comme ». Elle doit faciliter la compréhension de l'autre.
« L'honneur, c'est comme les allumettes, ça ne sert qu'une fois! »

ÊTRE COMPRIS
MODE D'EMPLOI

● Soutenez vos finales pour être compris.
● Votre vocabulaire doit être simple.
● La répétition est une qualité du langage parlé:
- Elle souligne ce qui est important.
- Elle relance l'idée ou l'argument.
- Elle permet de pallier le trou de mémoire.
● Argumentez par la logique:
- L'argumentation est longue.
- Il ne faut pas oublier un seul maillon.
- Demande une attention soutenue.
- Compréhension parfois difficile.
● Argumentez par l'analogie:
- L'argumentation est courte.
- Facile à suivre et à comprendre.
- Imagée et plus familière.
- Mais on peut lui faire dire n'importe quoi.

La répétition

Si la répétition est, d'une manière générale, un défaut de l'écriture, elle est une des qualités essentielles du parler.

La répétition immédiate volontaire

C'est celle que vous décidez de faire pour mettre en valeur un élément de votre phrase que vous jugez important. C'est aussi le meilleur moyen pour aider votre interlocuteur à mieux mémoriser ce que vous souhaitez.

Mais attention! Répéter un mot ou une expression ne signifie pas faire un écho. Votre répétition doit se faire en variant le ton. Généralement, justement puisqu'on répète, on met une scansion sur le deuxième terme: « Je te dis que c'est impossible! Impossible, tu entends! »

La répétition permet aussi, si vous êtes en lecture, de décrocher votre regard du texte écrit.

Code de ponctuation: répétition

Je veux répéter le mot. Essentiel: Je le souligne deux fois

La répétition de construction

Appelée souvent « répétition rhétorique », cette répétition peut être une répétition d'effet. Pour monter une période et donner un mouvement de relance: « mon bras qui tant de fois a sauvé cet empire, mon bras qui... »

Jean Guitton disait: « Je dis que je vais le dire, je le dis, je dis que je l'ai dit. » Voilà une citation dont il faudra se souvenir pour la construction de vos exposés.

La répétition de nécessité

C'est une arme fabuleuse quand vous êtes en difficulté. C'est aussi un bon moyen pour improviser.

Lorsqu'un mot vous fait défaut, lorsqu'un trou de mémoire bloque votre verbalisation, ne restez pas au bord du trou, vous allez tomber dedans. Répétez tout de suite ce que vous venez de dire avec un autre ton et vous pourrez poursuivre. Cet outil fonctionne toujours admirablement.

Sacha Guitry avait bien compris que la répétition sert magnifiquement à se sortir d'embarras:

« Quand je te pose une question qui t'embarrasse, tu la répètes toujours avant de me répondre.
Si je te demande: "Qu'est-ce que tu as fait de 5 à 6?"
Tu te reposes la question: "Qu'est-ce que j'ai fait de 5 à 6?"
et c'est ainsi que tu prends ton élan pour mentir. »

Apprentissage

Pour vous sensibiliser à tout ce que votre expression orale peut apporter à un texte, nous vous proposons celui-ci. Il est construit pour que vous le disiez d'une multitude de manières. Amusez-vous à déplacer les locutions, les groupes de mots, les adjectifs ou les adverbes. Nombreux sont ceux qui peuvent être interchangeables. Variez le ton, les inflexions. Utilisez les outils que nous vous avons fournis. Soulignez certains mots deux fois pour les répéter, faites des enjambements, encadrez des mots ou des groupes de mots pour faire des scansions et, surtout, utilisez les silences: c'est le nerf de l'expression partagée.

Pour vous aider

Nous avons conservé quelques points, vous pouvez en déplacer ou en rajouter. Nous avons supprimé les virgules, cela vous permet de phraser comme vous le souhaitez.

Vous pouvez dire par exemple: « mais je donne le change en réalité. Je suis timide de naissance. » Ou bien « mais je donne le change. En réalité je suis timide de naissance... »

Vous pouvez dire: « ... c'est un mal qui provoque des réactions imprévisibles,/ parfois incompréhensibles,/ souvent inadmissibles,/ toujours démesurées.// Bien sûr on... » Ou bien: « ... c'est un mal qui provoque des réactions imprévisibles parfois,/ incompréhensibles souvent,/ inadmissibles toujours,/ démesurées bien sûr.// On...

Texte d'apprentissage

J'ai l'air... Alors je surcompense

J'ai l'air sûr de moi je joue les m'as-tu-vu les je-sais-tout mais je donne le change en réalité je suis timide de naissance.

Vous ne pouvez pas savoir le nombre de baffes qu'on a dû m'assener avant que j'ose pousser mon premier cri de bébé vous ne pouvez pas vous imaginer avoir envie de faire ce que l'on voudrait faire parce qu'on sait qu'il faut le faire mais ne pas oser le faire parce qu'on ne sait pas comment faire pour bien le faire c'est l'enfer la timidité c'est un mal qui provoque des réactions imprévisibles parfois incompréhensibles souvent inadmissibles toujours démesurées bien sûr on pense trop alors on compense et même on surcompense.

Tout petit enfant déjà quand on me disait: « dis bonjour à monsieur! » je lui tirais la langue très fort je haussais les épaules je lui faisais un pied de nez et des grimaces des grimaces beaucoup de grimaces pour compenser ma timidité. En retour je recevais des baffes des baffes des baffes ce que j'ai pu recevoir comme baffes! Ça n'a pas arrangé ma timidité... Alors je surcompense.

Résumé

Prenez le texte en regard et efforcez-vous de suivre la ponctuation parlée que nous avons faite pour vous, en vous rappelant le code:

Un enjambement pour passer le point.

/ // /// **Silences de 2", 4", 6".**

Scansion (appuyer sur les mots de valeur).

Pour les répétitions.

Pour soutenir ses finales.

Pour regrouper des mots dans le même rythme.

L'entretien

Ô combien d'entretiens et combien de rencontres!

Dans vos fonctions professionnelles, vous avez eu, vous avez, vous aurez à mener ou à subir un grand nombre d'entretiens. De l'entretien d'investigation à l'entretien d'évaluation, en passant par les entretiens de négociation, de recrutement, de vente ou, dans votre vie quotidienne, de l'entretien que vous avez avec votre médecin à celui que vous subissez chez votre banquier… la palette est grande: « venez dans mon bureau… », « prenez rendez-vous », « vous avez demandé à me voir… », « j'aimerais que nous nous rencontrions », « prenons un rendez-vous téléphonique », « vous avez présenté votre candidature, j'aimerais vous rencontrer… », « j'ai demandé à vous voir pour… ».

Les occasions de faire du face-à-face ne manquent pas. Les bases de fonctionnement sont toujours les mêmes, les variantes se modulent par la façon de les conduire et les objectifs que vous voulez atteindre.

Il est rare qu'un entretien soit une rencontre entre deux personnes de même statut, de même motivation et de même besoin. Le plus souvent, il s'agit d'un questionneur et d'un questionné, d'un interviewer et d'un interviewé, d'un décideur et d'un demandeur. Ce qui ne va pas arranger les choses!

Ces entretiens, vous allez devoir les subir ou les conduire. Votre savoir-faire répondra à des normes et des principes spécifiques à l'objectif souhaité. Ce savoir-faire passe par deux aspects généraux à prendre en compte, d'une part les attitudes et comportements, d'autre part le style de conduite adopté.

1. Décoder l'autre

Quel est le langage non verbal de mon interlocuteur? Quelles sont ses réactions? À quel moment recule-t-il ou avance-t-il dans son fauteuil? À quel moment utilise-t-il une activité de dérivation? Quel type de gestuelle a-t-il?

2. Décoder la situation

Où et comment se déroule l'entretien? Ce sont les facteurs proxémiques, c'est-à-dire tous les éléments spatiaux qui influencent la relation: le lieu, les territoires, les tribus, les zones d'interaction. Le lieu de rencontre est beaucoup plus important qu'il n'y paraît.

3. Rechercher l'harmonie

Si vous en avez la possibilité, choisissez donc votre positionnement en fonction de votre objectif. Votre type de relation en dépendra.

Si la salle est une salle de réunion, son environnement peu personnalisé ne facilitera pas nécessairement l'accueil et l'ambiance conviviale.

Attitudes et comportements

Dans la situation de communication, ce sont les attitudes qui dans la majorité des cas provoquent les comportements.

Faire tomber le masque!

L'attitude est un état psychique construit sur un certain nombre de valeurs qui sont elles-mêmes issues de notre vécu, de notre expérience, de notre culture. Nous l'avons déjà dit, nous véhiculons consciemment ou inconsciemment des principes, qui conditionneront nos comportements en interaction.

« Telle personne me paraît antipathique pour telles ou telles raisons. » Ces « raisons » s'appuient sur ma perception de son comportement (le visible, les mots, les opinions). Cette perception évaluatrice de l'autre va créer chez moi une certaine attitude, et cette attitude engendrera le comportement que je vais avoir vis-à-vis d'elle et ce comportement influencera le sien. En faisant un raccourci, nous pourrions dire que le comportement est le masque visible de l'attitude qui est derrière. Nous pouvons et nous savons agir sur nos comportements pour favoriser notre relation en entretien. Agir sur votre comportement, c'est agir sur le style de relation qui va s'établir entre vous et lui.

Six attitudes possibles

G.H. Porter fait remarquer que lorsque nous menons un entretien nos attitudes se projettent dans ce que nous entendons de l'autre. Nos propres comportements vont l'influencer. Nous pouvons adopter six styles d'attitude.

Six attitudes

- Attitude d'enquête.
- Attitude d'évaluation.
- Attitude d'interprétation.
- Attitude de décision.
- Attitude de support.
- Attitude d'empathie.

Y en a-t-il une bonne? Quels sont leurs dangers? Correspondent-elles à l'entretien que vous souhaitez mener? Les travaux de Porter nous montrent que faire parler l'autre sans l'influencer n'est pas chose facile. Votre objectif est-il d'influencer ou de mieux comprendre? Souhaitez-vous avoir des infos « de » votre interlocuteur, ou « sur » votre interlocuteur, avez-vous pour but de connaître son opinion sur tel ou tel point particulier? Souhaitez-vous le conduire vers un objectif précis ou l'aider à résoudre son problème? A contrario, venez-vous pour obtenir quelque chose de l'autre, pour qu'il vous connaisse mieux, pour réfléchir avec lui? Autant de cas particuliers dans lesquels vos attitudes joueront le premier rôle.

L'attitude d'enquête

C'est l'attitude de questionnement. Elle se traduit par un comportement d'enquêteur.

Attention au questionnement systématique

Pour faire parler votre interlocuteur, quoi de plus naturel et de plus essentiel que de lui poser des questions et d'écouter ses réponses? Oui! A priori, on ne peut pas vous en vouloir. Pour avoir des réponses, il faut bien poser des questions. Pas si simple! L'interrogatoire policier est le reflet du questionnement systématique (*sic*).
Poser des questions, c'est prendre le pouvoir, c'est diriger l'entretien et, que vous le vouliez ou non, c'est déjà une façon de manipuler les réponses de l'autre.
L'un des plus grands spécialistes mondiaux de l'écoute active, Jean-Claude Abric, fait remarquer dans son livre *Psychologie de la communication* que « le questionnement est l'un des outils les plus puissants de la manipulation ».

Pourquoi ces questions-là?

Vous reconnaîtrez que dans l'éventail des questions possibles, le choix du questionneur est déjà une sélection. Pourquoi ces questions-là plutôt que ces questions-ci? Cette sélection influence donc le déroulement de l'entretien. « Vous m'avez défini votre fonction, mais j'aimerais connaître votre impression sur le type de relation que vous avez avec votre équipe. » Et votre interlocuteur se dit: « Pourquoi cette question? Il pense qu'il peut y avoir des problèmes de ce côté-là? »

L'ordre des questions

Cette influence est encore aggravée par l'ordre des questions, donc des réponses. Quand quelqu'un répond à votre deuxième question, sa réponse à la première influence la seconde, sa réponse à la première et à la deuxième influenceront sa réponse à la troisième… ainsi de suite. « J'ai déjà dit cela, je ne peux pas me contredire… »

La manière de les poser

La formulation même de vos questions conditionne ses réponses. « Êtes-vous pour ou contre l'I.V.G.? » ne laisse à l'autre qu'un dilemme entre noir et blanc. La palette des gris ne lui est pas suggérée. Pire encore, si vous formulez la question ainsi: « Que pensez-vous de cet acte inhumain qu'est l'avortement et de la pratique irresponsable que certains en font? », vous aurez du mal à avoir pour réponse: « Ben quoi, je suis un irresponsable et je suis pour les actes inhumains. »

> Plus vous lui posez de questions,
> moins votre interlocuteur est libre dans ses réponses.

Quelques types de questions

Alors ne pas poser de questions? Bien sûr que si! Mais pas trop, pas n'importe comment et pas n'importe lesquelles.

- **Questions fermées: elles risquent de n'obtenir que des réponses sans développement.**
Q.: « Êtes-vous d'accord? »
R.: « Oui, non, peut-être… »
- **Questions ouvertes: elles obtiennent des réponses plus explicatives et développées.**
Q.: « Pourquoi? Comment? »
R.: «Parce que je pense que…, en faisant une démarche qui… »
- **Questions alternatives: elles donnent un choix. Ce choix est dirigé, puisqu'il ne propose que deux possibilités.**
Q.: « Préférez-vous un rendez-vous lundi ou mardi? »
- **Questions relais: elles renvoient à une autre personne que celle qui a posé la question.**
Q.: « Un tel, comment répondriez-vous à cette question? »
- **Questions miroir: elles renvoient à l'envoyeur ou au groupe.**
Q.: « Et vous-même, qu'en pensez-vous? »
- **Questions écho: elles réitèrent une partie de la question et la renvoient.**
Q.: « Je crois que cela est impossible. »
R.: «Impossible? »

Le calumet de la paix

Comment une activité de dérivation peut-elle devenir une activité en congruence, facilitatrice de négociations?

Loup Tacheté et Aigle Rusé, deux chefs sioux, las des tueries qu'engendraient depuis des générations leurs confrontations sur un même terrain de chasse et de pêche, décidèrent de se rencontrer pour négocier une paix.

Drapés dans leur fierté, ne voulant pas donner à l'autre le sentiment d'être demandeur de cette paix, ils restèrent muets, persuadés qu'en négociation le premier qui parle passe pour être le plus faible.

Dans le silence, la tension montait et se nourrissait de la haine de leurs ancêtres. Au bout d'un temps très long, l'un des deux chefs, pour ne pas céder à la tentation de parler et pour se donner une contenance, sortit sa pipe et se mit à fumer, trouvant dans cette activité de dérivation une manière d'apaiser sa colère. L'autre chef en fit autant. Les mêmes gestes (congruence) et la même occupation créèrent les conditions d'un dialogue plus empathique. Ils commencèrent à se parler.

Ce moment d'apaisement apparut comme nécessaire aux Indiens pour bien commencer une négociation sans passion. Ils poussèrent dès lors le symbole jusqu'à fumer le même calumet avant toute négociation.

L'attitude d'évaluation

Évaluer, c'est juger. En évaluant ce que l'autre vient de vous dire, vous renforcez votre pouvoir de « meneur d'entretien ». Mais, là encore, vous ne facilitez pas votre relation.

Vous jugez de façon négative

Bien entendu, si votre jugement est négatif, ne vous sentant pas d'accord avec lui, il aura tendance à éviter d'en dire davantage. « Si à chaque truc que je dis, il me dit le contraire, je ferais mieux de la boucler! » Ou alors, vous allez créer chez lui une forte agressivité: « Pourquoi se permet-il de dire que j'ai tort? Il ne détient pas la vérité! J'ai aussi le droit d'avoir raison. »

Cette attitude de jugement négative est généralement à la source des conflits. Mais, me direz-vous, on ne peut pas nécessairement accepter une contre-vérité! Sans doute mais il vaudra mieux savoir pourquoi votre interlocuteur vous dit cette contre-vérité plutôt que de la rejeter comme fausse a priori.

Vous jugez de façon positive

Mais si votre jugement est positif? Eh bien, ce n'est pas nécessairement mieux pour connaître « sa » vérité. Vous l'avez jugé positivement sur un point. Il aura tendance à rester dans cette même lignée pour mériter d'autres bons points... Et vous cachera sans doute ce qui risquerait de vous mettre en désaccord. « On va rester sur ce chemin, ça lui convient. »

Votre interlocuteur sélectionnera ses points de vue pour continuer à plaire à son interviewer. C'est pas bon, ça! Oh que c'est pas bon pour la franchise que vous souhaitiez!

Alors, quand évaluer?

Bien sûr, dans tout entretien, surtout avec la hiérarchie, il va y avoir évaluation. Puisque c'est une des fonctions mêmes du chef. Nous vous recommandons tout de même de garder cette évaluation pour vous en début d'entretien. elle vous permettra d'aller de l'avant.

Il est très possible que, parce que vous n'avez pas évalué votre interlocuteur dès le début, ses explications vous feront par la suite revenir sur ce jugement.

Si votre but est de l'aider, nous verrons que cette évaluation ne viendra qu'après, bien plus tard, lorsqu'il sera prêt à l'entendre.

Si vous démolissez sa confiance d'entrée de jeu, il ne sera pas enclin à vous faire de nouvelles confidences!!!

L'attitude d'interprétation

En menant l'entretien, vous pouvez avoir une tendance fâcheuse à analyser ce que l'autre vous dit et à lui renvoyer votre interprétation.

Interpréter, c'est anticiper!

Pour obtenir de sa part une expression authentique, ce n'est peut-être pas la bonne manière. Votre interprétation renforce votre statut de leader de l'entretien, mais vous n'améliorez pas pour autant la relation communicative que vous souhaitez avoir.
En contrepartie, vous créez chez votre interlocuteur une dépendance qui va peut-être l'amener à des manifestations agressives.
Mieux encore, vous qui vouliez le faire parler, vous êtes en train de créer un blocage pour deux raisons:

Si votre interprétation est fausse

Il se dit qu'il n'est pas compris. « Ce n'est pas la peine d'en dire plus. Il ne comprend rien! Je ferme! »

Si votre interprétation est juste

Le blocage est paradoxalement encore plus fort. Votre interprétation lui donne l'impression d'un viol de pensée, d'une mise à nu qui ne l'engage pas à en dire davantage. « Si chaque fois que je parle, il me comprend à demi-mot, je ne vais plus dire de mot du tout! »

Sans interprétation, il servira à quoi, votre entretien?

Comment découvrir la cause de la cause qui se cache sous une fausse barbe?
J.C. Abric explique que l'interprétation est un « risque considérable », mais qu'« elle peut effectivement jouer un rôle, à condition qu'elle soit formulée à un moment où l'autre peut l'entendre, l'accepter et l'assumer. C'est-à-dire se l'approprier ».
Votre interprétation sera donc plutôt une finalité qu'une manière de faciliter sa verbalisation.
En revanche, d'interprétation en interprétation, vous pouvez effectivement influencer le discours de votre interlocuteur ou le pousser à réagir... Il reste dans une relation de dépendance envers vous. L'interprétation, même faite avec la plus grande souplesse, même exprimée au bon moment, demandera à être validée ou non validée par votre interlocuteur. Ce sera un passage obligé qui lui permettra le cas échéant de recadrer, de reformuler, et souvent d'en dire davantage.

Trois grands types d'entretiens

● **Non directif**

Il est centré sur la personne, il aide à l'expression des sentiments.
Il est empathique et nécessite une absolue compréhension de l'autre.
Peu de questionnement, neutralité, écoute bienveillante. Il est souvent à caractère thérapeutique.

● **Guidé (semi-directif)**

C'est professionnellement le plus courant. Il. passe du non-directif au directif selon les phases de déroulement.

● **Directif**

Peu ou pas de libre expression. Il ne s'agit plus d'entretien mais de manipulation, stratégie d'enfermement, etc. (l'interrogatoire policier). Ou tout simplement le questionnaire préparé, codifié... C'est l'outil qui prend le pas sur la relation. Il est utilisé dans les sondages.

Que feriez-vous à ma place?

« Je ne suis pas à votre place, je vous écoute! » C'est la seule réponse possible dans la relation d'aide à la décision, si vous voulez que votre interlocuteur trouve lui-même ses solutions et y adhère pleinement.

J'ai connu un cadre dirigeant qui reprochait à son chef d'être trop perspicace et de trouver trop vite la réponse aux questions qu'il se posait. « Vous avez trimé sur un sujet pendant des jours, elle prend votre dossier (tiens! le chef était une femme!) et, en deux coups de cuiller à pot, elle vous donne trois solutions possibles, avant même que vous ayez fini d'exposer vos difficultés... Et, ajoutait-il, en plus ce sont des solutions qui s'avèrent bonnes! » Frustré qu'il était, notre brave cadre dirigeant, frustré! Plus il était fier de son chef, plus il se trouvait minable.

Bon! on va pas passer des heures!

Cette attitude crée un comportement que l'on retrouve souvent dans l'entretien de vente. Le vendeur qui sent que son client hésite a tendance à vouloir l'influencer en prenant pour lui la décision. Il veut conclure: « À votre place, je prendrais ce modèle plutôt que celui-ci. » La réaction du client risque d'être: « Qu'est-ce qu'il en sait, lui, c'est moi qui achète, pas lui! »

« Écoutez je vais réfléchir. » Et le client laisse là son vendeur alors que la vente semblait toute faite.

L'attitude de décision

Lorsque vous écoutez quelqu'un, lorsque vous parlez avec lui, vous avez certainement tendance, face à un choix qu'il exprime comme difficile, à lui dire: « À ta place je ferais ceci ou cela » ou « Tu n'as qu'à faire ça! » Mieux, c'est lui-même qui demande parfois: « Qu'est-ce que tu ferais à ma place? »

C'est une fausse attitude d'aide

D'abord vous n'êtes pas à sa place et vous ne le serez jamais! Son vécu, son ressenti, ses motivations lui appartiennent et n'appartiennent qu'à lui. Mais après tout, comme vous êtes de type paternaliste ou carrément « papa nourricier », il peut vous arriver de le pousser vers une décision que vous estimez bonne. Qui peut vous le reprocher?

Attention! Cette attitude de décision pour l'autre, d'une part renforce sa dépendance envers vous (ce que personne n'apprécie!) et, d'autre part, va créer des blocages qui n'amélioreront pas votre interaction. L'analyse est simple: en lui disant: « Tu devrais faire ceci ou cela », « À mon avis le meilleur choix possible c'est celui-là », etc., vous lui dites: « Toi, tu as des difficultés à choisir mais pour moi c'est facile, j'ai la solution. » Mais donner des solutions à celui qui exprime ses problèmes, c'est se substituer à lui, c'est minimiser sa situation. Il aura l'impression que vous ne prenez pas en compte ses difficultés, son problème. Il n'appréciera pas nécessairement. « Bon d'accord! J'ai compris. Pour lui, mes difficultés, c'est de la gnognote. En deux temps trois mouvements, I vous arrange ça. C'est facile! »

C'est démobilisant

Votre attitude de décision peut donner à l'autre l'impression de ne pas être écouté. Aider oui, c'est peut-être votre rôle, mais l'aider à analyser lui-même son problème, à clarifier sa situation, à évaluer ses possibilités. Il trouvera sans doute la solution et, comme il l'aura trouvée, il adhérera à celle-ci. Il restera cohérent avec lui-même. Donner votre solution à sa place, cela va le démobiliser. Surtout s'il se rend compte, en plus, que c'est un bon moyen pour vous d'induire, d'influencer et de manipuler dans le sens que vous souhaitez.

Bon ou mauvais choix: décider à sa place est dangereux

Non seulement cette attitude ne favorise pas l'interaction, mais elle va même avoir des conséquences que consciemment ou inconsciemment votre interlocuteur doit anticiper. Imaginez qu'il suive votre décision et qu'elle s'avère mauvaise. Ce sera de votre faute et il vous en voudra de l'avoir influencé vers le mauvais choix. Oui! mais de la même manière, il doit bien pressentir que s'il suit votre conseil et que ce conseil s'avère bon, ce ne sera pas lui qui aura fait le bon choix mais vous. Sa dépendance envers vous sera encore plus grande. « J'ai pas été foutu de trouver tout seul! »

L'attitude de support

C'est une attitude d'aide qui consiste souvent à rassurer (croit-on) l'autre en lui montrant qu'en fin de compte, ce n'est pas bien grave!

Je connais, va!

Votre interlocuteur se plaint d'une situation qu'il trouve difficile. Vous êtes un gentil garçon, vous ne voulez pas aggraver les choses, vous êtes prêt à le soutenir. Dans cette attitude, vous souhaitez minimiser son problème en lui montrant que ce n'est pas bien grave. Et pour ce faire, vous banalisez la situation dans laquelle il se trouve pour la dédramatiser. « Oh ne t'en fais pas, tu n'es pas le seul », « Je sais que ce n'est pas facile mais moi-même j'ai vécu une situation semblable et... » Va-t-on vous le reprocher?

Tu n'es pas le seul!

Attention! Dire à quelqu'un: « Tout le monde a ce problème-là », « C'est bien connu, c'est un mauvais moment à passer », cela signifie pour votre interlocuteur exactement le contraire. Il va penser: « On voit bien qu'en réalité il ne vit pas ce que je vis », « Il ne se rend pas compte de la gravité... », « Les autres je m'en fous, c'est mon problème à moi qui m'intéresse... », « Il ne me comprend pas, je lui dis mes difficultés, il me répond que ce n'est rien. Bon basta! »
Résultat: blocage à nouveau. Là encore, l'attitude de support que vous avez envers lui, il ne la supporte pas du tout.

Tout le monde pense l'inverse!

Naturellement, ce support en guise de coup de grâce n'est pas fait pour arranger son problème. Non seulement vous évaluez de façon négative, mais en plus, tout le monde est contre lui! S'appuyer sur de telles preuves pour avoir raison n'est pas pour autant convaincant. Il y a de quoi vous bloquer!

Tout le monde pense comme vous!

On pourrait croire que... Mais c'est pas mieux! Je ne suis pas tout le monde. Me voilà sans originalité, sans personnalité. Est-ce que je dois jouer les moutons de Panurge et faire comme tout le monde? Une raison pour justement changer de position et dire le contraire. Une façon de s'affirmer!

Chacun son problème

Jacques Brel annonçait à la radio: « J'arrête de faire mon tour de chant en public parce que j'en ai assez d'avoir le trac. »
Le journaliste eut un mot de trop: « Tous les grands artistes ont le trac, et... » Jacques Brel réagit violemment! « Les autres, c'est leur problème, c'est moi qui vomis tous les jours depuis dix ans avant d'entrer en scène! »

« Je peux te dire, moi qui ai vécu la même chose, que c'est pas grave! Tu verras! »

Ce genre de phrase est une véritable torpille de la relation d'aide. Tout d'abord, il y a évaluation tout à fait subjective de la part de celui qui la dit: « C'est pas grave! » Pour qui? Si l'autre pense que c'est grave, il a peut-être de bonnes raisons.
Ensuite, il y a le positionnement dominant qui assure que sa propre expérience lui permet de le dire: « Je peux te le dire, moi! »
Enfin, il y a interprétation sur le devenir, ce qui n'arrange pas le constat!

La reformulation: danger!

● **Elle relance:** la réitération pure des mots que l'autre vous dit va le pousser à s'exprimer davantage. Votre interlocuteur finit sa phrase par « ... et cela est impossible! », vous reprenez le mot « impossible! » et il poursuit « oui, tout à fait parce que... ».

● **Elle clarifie:** le questionneur met en évidence ce qui est encore confus. « Donc vous nous dites... » Reprécision possible du locuteur: « Pas tout à fait. Ce que je veux dire, c'est... »

● **Elle sélectionne:** votre interlocuteur laisse une partie de votre réponse pour ne s'attacher qu'à l'un de ses aspects.
« Vous nous avez parlé du passé, du présent et de l'avenir. Revenons au passé. »

● **Elle interprète:** votre interlocuteur inverse la formulation de votre opinion, pour vous amener dans son angle de vue. « Vous avez dit: nos concurrents se sont très bien adaptés aux nouvelles techniques. Voulez-vous dire que vous non? »

● **Elle verrouille:** il reformule un élément comme étant acquis, on n'y reviendra plus, passons à ce qui intéresse:
« Bon, vous n'êtes pas pour la réduction du temps de travail. C'est une chose acquise... Passons à... »

L'attitude empathique

Ce qui vous intéresse dans ce type d'entretien, c'est bien de comprendre l'autre sans le harceler de questions, sans l'évaluer, sans interpréter, sans décider pour lui et sans avoir une attitude de support.

C'est l'attitude typique de l'entretien non directif

Votre écoute passe alors par la reformulation à condition qu'elle ne soit pas directement restrictive, abusive ou interprétative. Cette reformulation n'a d'autre désir que de montrer à votre collaborateur que vous faites le chemin avec lui et par lui. C'est une manière de lui dire: « Je comprends ce que vous dites », sans arrière-pensée personnelle.

Vous êtes centré sur lui, vous évitez les réactions personnelles et spontanées. Acceptez le silence de réflexion dont il a besoin. Ce silence-là, vous le percevrez grâce à votre décodage du non-verbal. Vous l'identifierez par rapport au silence vide qui, lui, est une manière de point final.

Cette attitude est de loin celle qui vous apportera le plus d'informations authentiques, surtout en ce qui concerne ses ressentis, sa perception des faits, son vécu. Ce n'est pas sur les faits que vous reformulerez alors, c'est sur ses motivations réelles, sur ses sentiments profonds, sur l'implicite.

La réalité quotidienne ou professionnelle

L'entretien non directif n'existe pas vraiment, sauf peut-être pour quelques spécialistes psychologues et thérapeutes... et encore! En revanche, c'est un excellent outil pédagogique pour un apprentissage de l'écoute active.

Notre attitude de compréhension tend à élaborer un climat relationnel positif. C'est sans doute la synthèse essentielle que l'on peut en tirer. Instaurer un bon climat d'acceptation de l'autre est une base de comportement que l'on doit garder en mémoire, dans tous nos entretiens quels qu'ils soient.

La plupart des entretiens que l'on mène ou que l'on subit sont faussement non directifs, c'est-à-dire qu'ils sont dans le meilleur des cas semi-directifs, et dans la majorité des cas directifs à 80 %.

Je ne parle pas des enquêtes, sondages et autres entretiens guidés, qui eux au moins osent dire leur nom.

Un bon climat d'écoute

Neutralité bienveillante: mon écoute est inconditionnelle.
Authenticité: je m'intéresse réellement à toi.
Acceptation de l'autre: non-évaluation, non-jugement...
Empathie: j'essaye de te comprendre de ton point de vue.

Le climat est essentiel

Quel que soit l'entretien que vous menez, c'est l'outil premier de la réussite. Écoutez l'autre dans sa différence, sans le juger, sans l'interpréter, sans le harceler de questions, et vous instaurerez un climat de confiance indispensable pour être efficace.

L'écoute active

Elle va montrer à l'autre que l'on s'intéresse vraiment à lui et à ce qu'il dit. Elle vous permet de reformuler pour mieux comprendre. Elle utilise parfois les termes de « pourquoi? » et « comment? » qui sont dangereux si l'on ne veut pas avoir une attitude d'enquête. Elle reformule des faits et des opinions.

La deuxième écoute

Elle est active, bien sûr, mais elle s'intéresse aux silences et comportements autant qu'à ce qui est dit. Elle vous permet de reformuler les sentiments en demandant à chaque fois une validation par l'autre. Ces deux écoutes demandent de nombreuses synthèses partielles et nécessairement une synthèse générale.

Le climat!

Comme nous venons de le voir, il n'est pas facile de donner à la relation interindividuelle un caractère d'authenticité. Pour optimiser cet entretien, quelques principes sont à retenir pour créer une relation favorable et la plus efficace possible. Ces principes fonderont un bon climat d'échange incontournable pour réussir un entretien.

- Écoutez-le dans ce qu'il vous dit et dans son non-verbal.
- Acceptez les silences. Acceptez qu'il n'ait rien à dire.
- N'utilisez pas le questionnement systématique.
- Usez de l'interprétation, plutôt en fin d'entretien.
- N'évaluez qu'en coopération avec lui.
- Faites de l'empathie, sans prendre sa place.
- Centrez-vous sur l'autre.

Ces généralités et ces prises de conscience des attitudes que nous pouvons avoir nous conduisent donc à parler plus particulièrement de quatre entretiens pour leurs caractères spécifiques: « l'entretien de recrutement », « l'entretien annuel d'évaluation », « l'entretien de vente » et un entretien professionnel très spécial et très directif, « l'interview avec les médias ».

Nous allons maintenant nous attacher à ces quatre entretiens spécifiques.

COMPORTEMENTS MODE D'EMPLOI

- **En entretien, le non-verbal vous apporte des informations capitales.**
- **Un bon entretien repose avant tout sur un bon climat.**
- **Les outils de l'entretien:**
  - L'écoute active.
  - La réitération pure (répétition des mots utilisés par l'autre).
  - La reformulation simple.
  - La reformulation des sentiments.
- **Le questionnement: une manipulation:**
  - Question ouverte. Question fermée.
  - Question d'alternative. Question-question.
- **6 attitudes d'entretien:** D'enquête, d'évaluation, d'interprétation, de décision, de support, d'empathie.
- **3 types d'entretien:**
  - L'entretien non directif.
  - L'entretien guidé.
  - L'entretien directif.

Le C.V. bidon!

● La première qualité que recherche un recruteur ou un chef d'entreprise, en dehors des capacités professionnelles, c'est la capacité à s'investir. Alors, à peu près tous les C.V. que nous avons reçus lors de nos recrutements portaient cette mention: «... je suis prêt (prête) à m'investir dans une société dynamique qui... »

● L'autre qualité demandée est justement ce dynamisme, cet engagement et cette énergie qui peuvent présupposer une volonté, une adaptabilité, une recherche d'efficacité.

Enfin, pour ne pas oublier le facteur ambiance, tous les C.V. portent ce type de mention: « Je suis d'un naturel gai, d'un caractère agréable et j'aime le relationnel. » Je me souviens de l'une d'entre elles, dont le dynamisme, la volonté, la faculté de s'investir se sont résumés à dire en soufflant d'une voix monotone et lente: « Ah! oui... oui... le poste m'intéresse, mais cela me fait deux changements de métro! » Elle était au chômage depuis plus d'un an.

L'entretien de recrutement

Chaque recruteur, pour peu qu'il ait un peu d'expérience, a sa manière de faire, ses trucs à lui, ses habitudes. Comment s'adapter à une telle situation quand on est demandeur?

Un entretien semi-directif?

Nous nous trouvons ici dans une forme d'entretien où l'enjeu est d'une grande importance pour les deux interlocuteurs. Naturellement, la situation n'est pas du tout ressentie de la même manière par celui qui demande un emploi et celui qui recrute. Cet entretien devrait avoir nécessairement au début un caractère non directif, afin d'avoir une meilleure connaissance de l'autre, de ce qu'il est, et passer ensuite dans sa phase directive. Cette situation est d'autant plus difficile que nous sommes globalement dans un entretien d'investigation, où le recruteur sait (en principe) ce qu'il cherche et où le candidat le présuppose.

Votre C.V.: C'est Vous

Depuis l'apparition de la crise de l'emploi, de nombreux ouvrages prônent les mille et une astuces pour être embauché. Cela va de la présentation de son C.V. à l'entraînement aux tests que le demandeur d'emploi risque de passer. Cela n'est pas notre propos.

On vous demande un C.V. manuscrit: écrivez-le donc. Votre écriture est ce qu'elle est. Même si vous faites « des pattes de mouche en écrivant comme un chat », cela n'est pas nécessairement mauvais. Et puis, la graphologie n'est pas une science exacte! N'essayez pas de transformer votre écriture ou d'écrire de la main gauche, ce sera pire! Et ne répondez pas par traitement de texte interposé, c'est déjà foutu.

Photo souhaitée?

Vous ne vous trouvez pas beau (ou belle), et alors? Personne n'aime vraiment son image, nous l'avons dit. N'adressez pas une photocopie d'une « photomaton », où l'on ne voit qu'une tache sombre, floue et rayée, « comme cela on ne me voit pas bien, c'est préférable ». Si vous n'avez pas les moyens de vous faire tirer le portrait, n'adressez pas de photo et dites tout simplement pourquoi. Si vous envoyez une photographie, faites-la choisir par ceux qui vous connaissent bien. On est toujours mauvais juge de la façon dont les autres nous voient. Généralement, quand on vous voit arriver, on se demande si vous n'avez pas adressé la photo de votre cousine ou de votre voisine. Ça ne correspond pas, ce n'est pas vous, et ce n'est pas bon signe.

On a besoin de vous

Si l'on vous a convoqué après avoir lu votre candidature, dites-vous une chose: on a besoin de vous, « on » pense qu'éventuellement vous correspondez au poste à pourvoir. C'est déjà un point fort qu'il faut se mettre dans la tête, même si vous avez galéré depuis des mois.

Réponses aux questions

Généralement, la personne qui vous reçoit commence par vous poser des questions ouvertes, pour vous laisser aller un peu, du style: « Qui êtes-vous? Pourquoi avez-vous répondu à notre annonce? » etc.

Le climat avant tout

Certains recruteurs vont vous présenter d'abord leur société pour vous laisser le temps de vous reprendre. Écoutez-les au lieu de vous dire: « Qu'est-ce qu'il faut que je dise après? » et les questions que vous désirez poser, posez-les après qu'il a fini.

Préparez-vous

Préparez votre présentation à haute voix. Non pas pour la savoir par cœur (surtout pas!) mais pour en retenir le fil conducteur. N'essayez pas de tout dire. Faites des choix, ceux que vous qualifiez vous-même d'importants.

Les questions peuvent vous paraître curieuses, étonnantes, mal comprises. Dans tous les cas, dites-le, faites part de vos impressions profondes avec la politesse et la retenue qui conviennent à la situation. Et si vous n'avez pas bien compris, demandez des précisions, plutôt que de répondre n'importe quoi ou risquer d'être à côté de la plaque.

Soyez énergique

Vous vous dites prêt à vous faire engager? Engagez-vous! Écoutez la question sans interpréter, sans évaluer. Prenez le temps de silence nécessaire à la réflexion avant de répondre. Cela signifie à l'autre: « Je prends votre question en compte… elle est importante… je n'ai pas de réponse toute faite. »

« Pourquoi voulez-vous quitter votre travail actuel ou pourquoi avez-vous cessé dans votre ancien job? » Vous le savez! Dites-le. Tout se recoupe et tout se sait. Il vaut mieux que ce soit par vous. Ne vous étendez pas sur votre passé avec délectation sans qu'on vous le demande. Parlez plutôt de vos aspirations dans le futur, de vos envies, de vos souhaits. On ne vous engage pas pour ce que vous avez été, mais pour ce que vous allez être, pour ce que vous allez apporter et peut-être pour ce que vous allez devenir.

Vous aussi, vous avez des questions à poser

Ce n'est pas parce que vous passez à la question qu'il faut oublier que vous aussi, vous avez des questions à poser. Sans inverser les rôles, il n'est pas crédible que vous vouliez à tout prix cette place sans en savoir plus. Votre saine curiosité sera un atout supplémentaire.

Les questions bateau

- « Quel est le plus gros défaut que vous vous connaissiez? » Ne répondez pas: je m'acharne trop sur le travail, j'aime faire les choses jusqu'au bout, j'aime trop le travail bien fait, etc.

Le nombre de fois où l'on a entendu ces faux défauts qui sont des qualités! Personne n'est dupe.

- « Quelle est votre première qualité? » « Oh! J'en ai plusieurs, je suis… » On vous en demande une: vous la connaissez, non? Alors, n'en inventez pas plusieurs qui vous paraissent répondre au profil recherché. Là encore, on ne marche pas.

L'inverse ne fonctionnera pas non plus: « Des qualités euh… c'est difficile à dire euh… peut-être que j'ai un peu de… je crois que suis plutôt… »

Si vous ne savez pas quelle qualité donner, comment voulez-vous que les autres la devinent? Vous ne vous êtes jamais posé la question? C'est grave! Et la confiance en soi n'est-elle pas une qualité importante pour réussir?

- Si l'on vous demande: « Qu'emporteriez-vous sur une île déserte? » Emportez donc ce que vous voulez et dites pourquoi. Aucune grille des valeurs n'existe, il n'y a pas de bonne réponse.

Et si vous répondez: « J'emporterais un bateau, parce que si je m'ennuie… », cela montrera que vous avez de l'humour.

ENTRETIEN DE RECRUTEMENT MODE D'EMPLOI

- Un maître mot: soyez vous-même. Ne jouez pas un rôle.
- Restez cohérent avec votre C.V.
- Préparez votre propre présentation orale.
- Attention à votre look!
- Écoutez bien les questions:
  - Ne répondez pas trop vite.
  - Ne répondez que si vous avez bien compris la question.
  - Expliquez sincèrement vos motivations.
- Posez vous-même des questions. C'est une manière de montrer votre intérêt.
- Expliquez franchement vos hésitations.

Les comportements à éviter

Les comportements qui suivent sont parmi les plus courants que j'aie rencontrés dans les entretiens de recrutement. Naturellement, ils sont exprimés ici de façon un peu caricaturale, mais tout juste. En tout cas, c'est cet état d'esprit qui « passe ».

La dilettante

« Je suis pas sûr que ça m'intéresse, je suis venu pour voir. »

« Bonjour, j'ai reçu votre petit mot. Alors, comme j'avais rien à faire de mieux… »

La sympathie

« Salut, mon pote. Je sens qu'on va bien s'entendre tous les deux. »

« Qu'est-ce que je suis heureux de vous voir! Ça fait une paye qu'on m'avait pas reçu. »

Le faux compliment

« C'est bien, c'est propre, ça fait cossu ici. Ça doit en coûter du pognon, tout ça? Ça va pour vous! »

Le dépressif

« Vous êtes bien sûr que c'est moi que vous vouliez rencontrer? »

« Je suis étonné que quelqu'un réponde à mon courrier. »

« Oh! Je sais que ça va encore servir à rien, mais bon, je suis venu. »

La forfanterie

« Si vous tenez à votre place, vous feriez mieux d'engager quelqu'un d'autre. Dans six mois, c'est moi qui serai derrière votre bureau. »

Le chantage

« J'ai eu une proposition de votre concurrent. Il m'offrait trois fois plus, mais bon j'y suis pas allé. Ce sont pas des gens bien. »

La prétention

« Des qualités, oh là là! J'en ai tellement s'il fallait toutes les dire. »

« Des défauts? Non! J'en vois pas. »

La fainéantise

« Attendez! On parle travail, travail, travail! Et les congés? »

La victime

« Bien sûr, j'ai été licencié il y a trois ans, une réduction de personnel, et comme on n'était que deux dans la société, mon patron et moi, évidemment… »

L'inconscience

« Enceinte? Non pas encore! Pourquoi? Vous n'aimez pas les enfants? »

« Je suis pas quelqu'un qui reste longtemps à la même place… »

« Vous donnez des primes en cas de licenciement? »

L'entretien annuel d'évaluation

L'organisation et la participation à l'entretien d'évaluation sont devenues pour tous un passage obligé. Tout ce que nous avons dit sur l'entretien d'une manière générale se retrouve dans celui-ci, mais les objectifs sont différents, ainsi que l'aspect formalisé de la démarche et les conséquences qui y sont liées.

Un entretien guidé

Bien sûr, il y a plusieurs méthodes d'évaluation, qui vont du N-1 évalué par N jusqu'à l'évaluation à 360°, en passant par N évalué par N-1... En ce qui concerne l'entretien d'évaluation le plus couramment mis en place dans les entreprises, le dirigeant devra évaluer ses collaborateurs. Contrairement à l'entretien de recrutement, où chaque recruteur a le plus souvent ses petits trucs, ses techniques, sa méthodologie, l'entretien annuel d'évaluation, lui, est fortement calibré par un guide d'entretien élaboré par la D.R.H.. Suivre ce guide peut finalement paraître très facile: il y a des rubriques, on les prend les unes après les autres. On remplit le questionnaire et basta!

En réalité, cet entretien est beaucoup plus difficile à réaliser car il va passer par des phases directives et des phases non directives. Bien pratiquer ces deux aspects n'est pas évident, ni pour l'évaluateur, ni pour l'évalué. C'est un entretien typiquement semi-directif.

Pourquoi un guide?

Si la direction des ressources humaines veut tirer des enseignements des entretiens annuels d'évalution (E.A.E.), il lui faut un outil normalisé qui lui permette d'établir des statistiques, un outil fiable pour agir sur la mobilité, sur les postes à pourvoir, la gestion des salaires, le plan de formation, etc. L'élaboration de ce guide est fondée, d'abord, sur les valeurs de l'entreprise. Pour le construire, les responsables vont passer par deux étapes incontournables:

1. Choisir les thèmes des rubriques

Globalement, les thèmes abordés sont connus. Redéfinition de la fonction, bilan factuel des opérations sur objectifs, bilan des compétences, bilan du relationnel, établissement des futurs objectifs, besoin en matière de formation... La différence se fera à deux niveaux: celui de l'identité de l'entreprise (ses valeurs, ses principes, son activité) et celui de la fonction. On ne peut évaluer sur des critères tout à fait identiques la secrétaire, le commercial ou le chef de service.

2. Choisir l'ordre des rubriques

La structuration du guide d'entretien doit tenir compte de l'influence de l'ordre des questions. Cet ordonnancement doit prévoir les plages directives et les plages non directives.

Les objectifs de l'E.A.E.

- **Redéfinition de la fonction.**
- **Bilan des actions.**
- **Bilan des compétences professionnelles.**
- **Bilan des compétences relationnelles.**
- **Appréciation des points forts et des difficultés rencontrées.**
- **Fixation des nouveaux objectifs.**
- **Aides, les moyens souhaités.**
- **Cerner les plans de carrière.**
- **Agir sur la grille des salaires.**

Un moment privilégié

L'entretien annuel doit être entouré d'une certaine solennité, qui lui donnera son caractère d'exception. C'est d'autant plus difficile que les deux interlocuteurs se voient peut-être tous les jours, à longueur d'année.

L'entretien annuel d'évaluation doit être constructif et s'appuyer sur des consensus. C'est là qu'est le « hic »!

L'entretien annuel doit être préparé très sérieusement par les deux participants.

L'entretien d'évaluation est une manière d'évaluer aussi bien N-1 que N.

Les pièges de l'E.A.E.

● **Le règlement de compte: rectifier l'état d'esprit, en recadrant sur les faits, sans porter de jugements et en demandant à l'interlocuteur d'en faire autant.**

● **L'opposition systématique: chacun restant sur ses positions, les consensus sont impossibles. Vous devrez trancher avec le supérieur hiérarchique de l'évaluateur, qui servira de recours.**

● **Le désaccord sur les mots: vous avez le vôtre, il a le sien, trouvez-en un troisième qui satisfasse les deux parties ou notez directement ce qu'il veut dire.**

● **L'arroseur arrosé: l'évaluateur se retrouve en position d'évalué. Il doit se justifier en répondant aux questions de l'évalué. L'évaluateur ne doit pas rentrer dans cette situation et recadrer les rôles dès que possible.**

● **Les erreurs d'objectifs: très souvent l'évalué considère que cet entretien est directement lié à son salaire (il entre bien d'autres critères, bien sûr). Vous n'êtes pas là non plus pour résoudre le dernier problème survenu!**

La préparation et l'accueil

Faites toujours remarquer que vous ne jugez pas l'homme, mais le collaborateur dans sa fonction professionnelle.

1. La préparation

- Chacun doit préparer de son côté la future rencontre, en s'appuyant sur le document d'évaluation de l'année précédente. La définition de fonction sera revue. A-t-elle changé, s'est-elle modifiée?
- Vous choisirez ensemble une date, en vous assurant conjointement une parfaite disponibilité sur un minimum de trois heures.
- L'évaluateur rappellera par écrit le rendez-vous fixé et l'objectif de l'entretien.
- L'évaluateur choisira de préférence une salle dans l'entreprise, en évitant son bureau. Pas question de faire l'entretien par téléphone ou autour d'une table de restaurant.

Préparer l'entretien ne signifie pas que le patron a tout rédigé et qu'il lui suffira de le faire signer (cela est arrivé, nous l'avons vu!).

2. L'accueil: jouez cartes sur table

L'évaluateur arrive en avance pour préparer la salle en prévoyant la disposition de chacun: c'est le moment de choisir la position bord-à-bord, c'est-à-dire de coopération. N'arrivez pas en retard en lançant: « Je suis à la bourre, on va se faire ça vite fait... »

Les préliminaires doivent permettre de créer un climat de confiance. Nous avons vu des évaluateurs se mettre à vouvoyer un collaborateur qu'ils tutoient tout au long de l'année... C'est trop. Nous avons vu des évaluateurs s'installer dans un grand fauteuil derrière leur grand bureau et inviter leur collaborateur à s'asseoir sur un tabouret sans même l'avoir salué... C'est trop. Nous avons vu des évaluateurs dire: « C'est une formalité! Faut le faire, faisons-le! Qu'est-ce qu'on met? »... C'est trop peu.

L'évaluateur rappelle encore le but de l'entretien, ses objectifs et la manière dont il va procéder.

On doit se mettre d'accord en amont sur tous ces points. Après, ce sera trop tard.

Un état d'esprit et un climat incontournables

Pour qu'un entretien d'évaluation soit efficace, il doit être perçu par l'évaluateur et l'évalué comme une action coopérative au bénéfice de chacun. Il ne doit pas être mené par un Père Fouettard ou un redresseur de torts.

Bilans et objectifs

Le bilan des faits: échecs et réussites (phase directive)

Le bon déroulement de votre entretien repose sur le respect de l'ordre des rubriques. En cela, chaque retour au guide sera une phase directive. Partez des faits et uniquement des faits. Vous avez une chance de tomber d'accord. Il ne s'agit pas encore de l'interprétation de ces faits. L'évaluateur relit chaque objectif mentionné l'année précédente et demande à son interlocuteur son jugement personnel. « Qu'est-ce que tu en penses? (vous en pensez?) Objectif atteint ou pas? » C'est par un questionnement en alternative, avec des questions très ouvertes, que commencera l'évaluateur.

Le bilan des qualités et des difficultés: les compétences (phase non directive puis directive)

L'évaluateur n'oubliera jamais qu'il est là pour écouter (attitude de compréhension). « Pourquoi d'après toi? (vous?) » C'est au cours de cette étape que la discussion doit être la plus riche, mais aussi la plus difficile. Vous en êtes au stade des opinions. Sur les opinions, il est toujours difficile d'obtenir des consensus.

Le bilan des comportements: le relationnel (phase non directive puis directive)

Attention! C'est le moment où l'on se rapproche le plus du subjectif. Vous risquez d'être dans le domaine du sentiment. Pas de « délit de sale gueule », s'il vous plaît. L'évaluateur ne dit pas: « Vous êtes comme ça » mais: « Dans ce cas précis, vous êtes comme ça », « Face à tel événement, vous avez réagi comment? », « Quand il y a eu cela, c'était dû à quoi d'après vous?... »

Nouveaux objectifs et coup de pouce (phase directive)

C'est parce que vous aurez cerné ensemble les difficultés et les qualités que vous pourrez ensemble rédiger les deux points suivants: les objectifs pour l'année à venir et les aides à lui apporter. Rien ne sert de fixer des objectifs inatteignables, qui vont décourager l'évalué avant même d'avoir essayé. Il ne suffit pas de fixer des objectifs, encore faut-il obtenir son accord et la certitude qu'il est prêt à relever le défi.

Les suites à donner: plan de carrière, formation et suivi

En parlant de son avenir, l'évalué va donner des informations sur la manière dont il se voit et se projette à moyen et à long terme. C'est le « pourquoi? » qui vous dévoilera ses désirs, ses ambitions, ses souhaits et les capacités qu'il se reconnaît, mais aussi ce qui ne lui convient pas dans son poste. C'est le « comment? » qui vous indiquera les démarches qu'il envisage.

L'E.A.E. MODE D'EMPLOI

- **L'E.A.E. doit être un moment privilégié de la relation.**
- **Il doit avoir un minimum de solennité.**
- **L'E.A.E. passe par des phases directives et des phases non directives.**
- **Le guide d'entretien:**

- Il répond aux normes de l'entreprise.
- Il est accompagné d'un lexique de définitions des mots et des évaluations.
- Il s'adapte aux définitions de fonction.
- Il s'élabore selon un déroulement ordonné des rubriques.

- **Une démarche en 5 étapes:**

- La préparation.
- L'accueil.
- Les bilans.
- Les objectifs.
- Les suites à donner.

Principe de non-dépendance

Accepter sans discuter et s'engager dans un achat important (on ne parle pas des sucettes que vous allez acheter pour votre petit dernier) sans émettre d'objection, tous les commerciaux dignes de ce nom vous diront que ce n'est pas gagné. Le client ne se donne pas le droit d'exister, de prouver que c'est lui qui décide. Il y a bien un moment où il va le dire et ce moment risque d'être dans une étape de non-retour.

Principe de défense

En acceptant d'emblée toutes les preuves « produit » que lui présente le commercial, le client peut avoir le sentiment de se faire rouler dans la farine. Plus encore, son moi profond le met en garde « contre ce type qui parle si bien ».

Le client se sent menacé, même et surtout s'il est d'accord avec l'argumentation bien faite, trop bien faite. Alors, pour se défendre, il va dire « non ». Oh, il ne le dit pas aussi fermement que cela: « Je comprends ce que vous me dites, seulement voilà j'ai... », « C'est un achat important, alors vous comprendrez que je ne peux pas comme cela... »

L'entretien de vente

Nous sommes ici en présence d'un entretien guidé (semi-directif) qui trop souvent prend les allures directives d'un entretien où le vendeur cherche à tout prix à vendre un produit plutôt qu'un autre.

A comme: Accueil

Tous les commerciaux savent, en principe, que l'accueil est de nos jours une étape importante de la démarche de vente. Apprendre à dire « bonjour »? Pourquoi pas! Faire de ce premier contact autre chose qu'une formule de politesse est essentiel pour la suite de l'entretien.

D comme: Définition du besoin

« Vous désirez », « Vous êtes intéressé par nos produits? », « Êtes-vous déjà fixé sur quelque chose?...» Cette attitude d'enquête est censée faire découvrir les besoins du client, demander son accord.

A comme: Accord

Le vendeur prend soin de faire valider par le client la définition du besoin qu'il vient « d'évaluer ». Si le client valide, pas de problème, on passe à l'étape suivante.

P comme: Preuve Produit

Pour répondre au besoin défini et validé par le client, notre vendeur propose alors le produit le plus adapté possible au besoin qu'il vient de définir (et à ses besoins propres de vendeur!). Comme c'est un bon vendeur, il présente les caractéristiques du produit en les transformant en avantages. Il en rajoute même un peu, ça ne peut pas faire de mal!

A comme: Accord

En guise de synthèse, il rappelle les points forts de son argumentation. Et le client dit « oui ». C'est fait.

C comme: Conclure

Il ne reste plus à notre brillant vendeur qu'à conclure un engagement, faire signer le bon de commande ou passer à la caisse... « In the pocket! » C'est simple!

Et si le client répond « non »?

Aucun client ne va répondre « oui » d'emblée à la fin d'une démonstration de vente importante. Ou alors, avant d'entrer, il était déjà décidé, il suffisait de le faire payer ou signer pour éviter de perdre du temps.

Retour à la définition

Notre commercial ne se démonte pas. Son client vient de rajouter quelque chose à sa définition du besoin. C'est généralement là que le bât blesse. La définition était peut-être bonne, mais elle était incomplète. Il faut retourner vers la première étape et recommencer la démarche en répondant à cette nouvelle définition.

Essayez le non-directif, vous vendrez mieux

La démarche de vente A.D.A.P.A.C. est, à n'en pas douter, une technique de l'entretien de vente simple, bien construite et efficace. L'oubli essentiel est généralement l'absence de réelle et authentique adaptation à l'autre.

D'abord un bon climat!

Dans l'attitude de compréhension, souvenez-vous qu'un bon climat repose sur quatre principes incontournables: l'authenticité, la neutralité bienveillante, l'acceptation inconditionnelle de l'autre et l'empathie. Dès cette première phase, le conseiller commercial doit se centrer sur la personne et pratiquer une écoute active. Le climat qu'il va créer est le facteur le plus important de l'entretien de vente.

Tendre vers l'expression de l'autre

Le conseiller commercial pour faire parler son client sait qu'il doit lui poser des questions. Nous l'avons vu, le questionnement est une forme de manipulation des plus efficaces. Voilà le danger. Le vendeur a appris le questionnement, les sondages, directifs ou pas. Il va rendre son client dépendant de lui. Il a une attitude d'enquête, c'est fini, terminé en ce qui concerne l'expression authentique des sentiments.

Aider le client à décider

Le conseiller de vente va devoir « faire l'article ». Pour cela, il a son argumentaire, ses habitudes, ses petits trucs et c'est très bien. Il sait que chaque caractéristique devra être exprimée en avantage pour son client, c'est mieux. Le danger de cette phase réside dans les attitudes qui vont créer des comportements de décision et de support. Ce type de comportement est à manipuler avec douceur. Plus le conseiller aura favorisé l'expression authentique de son client au départ de la relation, plus celui-ci aura été libre, mieux le conseil sera efficace.

Un bon conseiller ne conseille pas...

Le conseiller a tendance à enfoncer le clou en faisant la synthèse de ses propres arguments, des points forts du produit, des possibilités offertes. C'est exactement l'inverse de ce qu'il doit faire.
L'aide la plus efficace sera d'aider le client à prendre tout seul sa décision. Le conseiller ne dit pas: « Compte tenu de ce que vous m'avez dit, je vous conseille ceci ou cela » ou « Si j'étais à votre place, je choisirais... » C'est en rappelant ce que le client a validé, tant au niveau des sentiments que des besoins concrets, qu'il va réellement l'aider à prendre sa décision à s'engager pour y adhérer pleinement et de façon durable.
Ce sera la décision du client, pas celle du vendeur.

L'ENTRETIEN DE VENTE MODE D'EMPLOI

● La démarche « A.D.A.P.A.C. »
- Accueil.
- Définition du besoin.
- Accord sur la définition.
- Preuve produit.
- Accord sur la preuve produit.
- Conclusion.
● Un comportement non directif!
- Établissez d'abord un réel climat de confiance.
- Ayez une écoute active centrée sur le client.
- Faites ressortir ses motivations implicites.
- Évitez les attitudes de décision et de support.
- Pas d'attitude de questions systématiques.
- Faites la synthèse de ce que vous avez « entendu », pas de ce que vous avez dit!
- Le choix doit être « le libre choix du client ».

Bien vendre, c'est d'abord créer un bon climat

Vous pouvez avoir besoin du journaliste

La presse, la radio, la télévision surtout, ont un tel impact de nos jours que de plus en plus de chefs d'entreprise, de responsables ou de spécialistes (sans parler des hommes politiques) sont appelés à s'exprimer sur un plateau, dans un studio ou face à la presse.

Qui est demandeur?

Il peut arriver que votre attaché de presse ou vous-même sollicitiez les journalistes pour leur donner des informations que vous voulez faire connaître... Il y a souvent une fin de non-recevoir, surtout si c'est pour annoncer que tout va bien. Le journaliste prétextera le peu d'intérêt pour ce type d'information, son manque de disponibilité, etc. Dans le meilleur des cas, il veut bien faire un papier, mais... bon passons!

La plupart du temps, c'est le journaliste qui vient vous chercher en vous téléphonant pour vous dire qu'il a l'intention de faire un papier sur... et qu'il aimerait bien vous rencontrer. Le journaliste est plus souvent « demandeur » que vous ne l'êtes. S'il n'a pas d'info, s'il n'a rien à dire ou à écrire, il ne gagne pas sa vie. Vous êtes son gagne-pain nécessaire. Mettez-vous bien cela dans la tête.

L'interview avec les journalistes

Ce type d'entretien, s'il peut avoir des ressemblances avec les autres entretiens, n'en est pas moins totalement différent sur de nombreux points. La relation journaliste-quidam est une relation très particulière.

Un entretien très directif

S'il y a un entretien directif, c'est bien celui-là! C'est le journaliste qui choisit les questions, c'est lui qui les pose, c'est lui qui rédige, c'est son monteur qui coupe et reconstruit le message et c'est son rédacteur en chef qui décide si ça doit passer, comment ça doit passer, où ça doit passer et quand ça doit passer...

Et vous, pauvre interviewé, vous n'avez pas voix au chapitre.

Chacun son message

Le problème est là! Vous arrivez avec votre message et le journaliste arrive avec le sien. Ou, plus exactement, il arrive avec un objectif différent. Et quand arrive-t-il? Quand il y a quelque chose qui ne va pas, quand il y a crise.

Mettez-vous à sa place! Un train qui arrive à l'heure n'intéresse personne, alors qu'un train qui déraille... c'est logique. Le journaliste cherche le scoop, parce que le public le demande. Et le public, c'est nous, c'est vous. Alors, il faut peut-être mieux comprendre comment il fonctionne.

C'est pas ce que j'ai dit!

Le grand reproche que l'on fait généralement à un journaliste qui nous a interviewés, c'est pratiquement toujours: « Il a écrit autre chose que ce que je lui ai dit » et, quand il s'agit de T.V. ou de radio enregistrée: « Il m'a interviewé pendant 1/2 heure, ils n'ont passé que 30 secondes et mon message tronqué ne veut plus dire la même chose. »

Il y a des contraintes matérielles que peu de gens connaissent et qui expliquent ce type de remarque. Trente secondes à la T.V., c'est beaucoup pour une interview enregistrée. C'est un témoignage, une info, un message. Chronométrez les reportages au journal télévisé, vous verrez que le plus long n'atteint pas 1,30 min.

Et pour le choix du montage, vous êtes peut-être vous-même en cause!

La connaissance du sujet, c'est vous qui l'avez en principe. Vous ne pouvez pas demander à un journaliste généraliste d'être spécialiste du revêtement des autoroutes, des puits de forages pétroliers, des nouveaux produits bancaires et de la recherche sur le Sida... Peut-être sa mauvaise compréhension vient-elle aussi de vous.

Interview téléphonique ou de presse

Le temps de la réflexion

Si un journaliste vous appelle pour vous poser quelques questions, ne répondez jamais ! Tâchez de savoir ce qui l'intéresse plus particulièrement. Demandez-lui de vous rappeler dans un quart d'heure ou plus tard. Prétextez une réunion, un entretien, mais laissez-vous le temps de la réflexion.

Du temps pour se préparer

Prendre des chiffres qui pourront vous servir et sur lesquels vous comptez vous appuyer. C'est capital pour ne pas faire d'erreur et avoir des faits. Construisez le message principal que vous voulez passer à tout prix. Envisagez les objections qu'il va vous présenter et sa façon partisane de présenter les choses. Préparez vos réponses.

Vous répondez à ses questions

Ne vous faites pas embarquer là où il veut vous mener. Soyez vigilant et recadrez chaque fois sur votre message. Répondez parfois à une question en la lui renvoyant : « Et vous, qu'en pensez-vous ? », « Vous-même, vous avez bien une opinion ? », cela vous permettra de voir où il se situe. Ne bondissez jamais sur la réponse.
Revenez plusieurs fois sur votre message. Si vous avez prévu une formule (voir notre chapitre sur la rhétorique), répétez-la. Si elle est frappante, cela peut l'inciter à en faire son titre.
Évitez les réponses longues, les justifications appuyées.
Rebondissez en choisissant dans sa question le mot confort.

Le mot confort

Quelle que soit la verbalisation de la question du journaliste, vous aurez toujours la possibilité de vous appuyer sur un mot pour revenir sur ce qui vous semble le plus important.
Ne refusez jamais de répondre à une question sans dire pourquoi. Donnez toujours des morceaux de réponses quand vous les avez. Parfois, les journalistes peuvent se nourrir de miettes. Si vous ne leur donnez rien, ils iront chercher ailleurs, chez la concierge ou dans la poubelle, et vous ne maîtriserez plus rien.

Les charnières

Certains mots facilitent le passage d'une idée à une autre. « À propos » fait partie de ceux-là. « Il y a deux aspects dans votre questions - ou trois ou quatre… - », « Cela me fait penser à… »
N'oubliez pas que ce sont les exemples et les analogies qui passeront le mieux votre message.

Se préparer à être interviewé

● Pourquoi fait-on appel à moi et qu'est-ce qu'on en attend ?
Mieux vaut refuser une interview sur un thème que l'on ne souhaite pas traiter ou que l'on connaît mal, plutôt que de satisfaire à sa fibre cabotine pour se « planter » lamentablement.
« Suis-je habilité à parler de cela ? Puis-je faire autorité sur ce thème ? »
● Je veux passer quel message ?
Être clair avec soi-même, hiérarchiser les messages que l'on souhaite faire passer.
Savoir quelle est la priorité des priorités, voilà le deuxième point qui doit être compatible avec le premier. Car le temps vous sera compté !

Appliquez-vous à vous-même le modèle de Lasswell

« Qui » va m'interviewer ?
« Pourquoi » m'interroger, moi ?
« Quand » va-t-il m'interroger ?
« Où » cela se passera-t-il ?
« De quoi » est-ce que je vais parler ?
« Comment » se comporte-t-il d'habitude ?
« À qui » cette interview est-elle destinée ?
« Quel résultat » je veux atteindre ?

L'INTERVIEW MODE D'EMPLOI

- Une interview se prépare toujours.
- Définissez à l'avance le message à passer.
- Vous n'avez pas bien compris, faites reformuler ou préciser.
- Appuyez-vous sur le mot confort que vous trouverez dans sa question.
- Ne laissez pas dire n'importe quoi, rectifiez franchement avec le sourire.
- Si vous ne pouvez pas répondre, dites-le.
- Si l'interviewer vous piège, volontairement ou non, gardez votre calme, respirez, recadrez.
- Faites des phrases courtes et claires.
- Méfiez-vous des questions périphériques.
- Répondez à l'agressivité par le calme et le sourire.

Et à la radio? Bougez aussi!

N'oubliez pas que, au téléphone comme à la radio, les gestes sont nécessaires. Le sourire d'abord puisqu'il s'entend de l'autre côté des ondes. Mais aussi, tous les autres gestes qui faciliteront votre expression. Ils seront là, non pour les autres, mais pour vous, pour dynamiser vos propos, pour faciliter votre fluidité verbale, pour mieux maîtriser votre trac.

Radio ou TV, quelle émission ?

L'avantage du direct, c'est sa spontanéité. L'inconvénient du direct, c'est sa spontanéité. L'interview enregistrée, c'est avant tout du montage.

C'est du direct

La vérité qui passe dans un direct est frappante; les micro-trottoirs et autres « prises » au vol en sont les exemples les plus représentatifs. Rassurez-vous. La plupart des « directs » vous laissent un temps de préparation avec le journaliste. Le danger est d'essayer de mémoriser les questions prévues avec lui. Ne le faites jamais Soyez à l'écoute! À l'écoute et encore à l'écoute! Journaliste et formateur chez Personnalité, Philippe Leclerc a une jolie formule pour résumer tout cela: « Préparez-vous à l'irruption de l'inattendu. »

C'est enregistré

L'avantage de l'interview enregistrée, c'est naturellement la possibilité que l'on a de refaire une ou plusieurs prises. Cela semble normalement plus facile, mais attention: il y a deux inconvénients majeurs. Le premier: naturellement, vous perdez en spontanéité. Les acteurs sont capables de redire plusieurs fois les mêmes mots en en gardant la « fraîcheur », vous peut-être pas. Préservez l'idée, mais changez donc les mots, n'essayez pas de retrouver ceux que vous avez dits à la prise précédente.

Le second: c'est le montage. A priori, il ne dépend pas de vous. Pourtant, si vous avez répondu avant que le journaliste n'ait terminé, le monteur ne pourra pas prendre cette réponse. Il ira chercher ailleurs.

Prenez en compte la compétence des autres

Kathia David, journaliste et formatrice chez Personnalité, donne ce conseil qui va bien au-delà du simple technicien.

Ne vous penchez pas sur le micro. Si l'ingénieur du son l'a placé ici, il y a une raison. Répondez toujours directement en regardant celui à qui vous répondez. Le réalisateur aussi connaît son métier, il aura placé une caméra dans l'axe du journaliste. Faites-lui confiance.

Un confort dynamique

Si vous êtes assis, ouvrez votre veste. Ne vous appuyez pas sur le dossier du siège, vous perdriez votre dynamique. Positionnez-vous en avant sur le siège. Et quand vous parlez, faites des gestes, animez-vous. À la T.V., votre posture vous donnera une image plus agréable si vous êtes légèrement vissé ou dévissé et asymétrique.

Les réunions

La « réunionite » qui sévit dans nos entreprises est une sorte de maniaquerie qui consiste à rassembler des hommes et des femmes pour parler, pour les faire parler, pour leur parler, pour les écouter parler… Peut être y en a-t-il trop, sans doute sont-elles trop longues, certainement sont-elles mal faites… Toujours est-il que réunir les gens, c'est encore le meilleur moyen que l'on ait trouvé pour les rassembler, pour qu'ils prennent des décisions communes, pour qu'ils posent des questions, pour qu'ils se posent des questions, pour leur poser des questions ou pour qu'ils entendent ensemble, au même moment, un même message.

Si elle est moins évidente dans la vie quotidienne, la « réunionite » existe aussi en dehors des entreprises. Réunions de copropriétaires, réunions de parents d'élèves, réunions de membres d'un club, réunions associatives… Quelles que soient ces réunions, les groupes fonctionnent de la même manière. Connaître ce fonctionnement est donc aussi utile dans l'entreprise que dans la vie de tous les jours.

Le nouveau groupe vient d'arriver

Si vous rassemblez des gens qui ne se connaissent pas, les comportements vont passer par 5 phases successives:

1. Inquiétude, angoisse, surprise, questions, blocages.

2. Les individus avancent masqués. Les échanges sont respectueux.

3. Les oppositions apparaissent, les agressivités, chacun se défend en attaquant.

4. Besoin de structuration, organisation, méthode.

5. Coopération, production commune, progression.

L'âge mental du groupe

Nous savons très bien que nous faisons en groupe des « bêtises » que nous ne ferions pas tout seuls. On dit communément sous forme de plaisanterie: « L'âge mental moyen d'un groupe est de dix ans. » Cela n'est pas faux dans son principe. C'est cet aspect-là qui va souvent donner au groupe sa force et son intérêt. Ainsi rassemblés, les participants vont oser ce qu'ils n'oseraient pas tout seuls. Ainsi réunis, les individus vont pouvoir sortir des cadres de référence et devenir plus créatifs.

L'individu et le groupe

Il ne suffit pas de rassembler plusieurs personnes pour créer un groupe. La somme des individus ne fait pas le groupe.

Qu'est-ce qu'un groupe?

À partir de quatre ou cinq personnes, on peut commencer à parler de petits groupes, puisqu'il y a effectivement une dynamique particulière, c'est- à-dire un « effet de groupe ».

Le groupe est considéré comme tel, quand les individus de ce groupe ont une réalité commune, un objectif commun, une appartenance commune et une reconnaissance directe des autres.

Ce sont ces groupes-là, qui se réunissent de façon plus ou moins occasionnelle, qui nous intéressent. Le fonctionnement de ces groupes varie, leur manière de travailler aussi.

Les caractéristiques d'un groupe

De l'interaction: plus il y a d'interaction, plus le groupe est vivant.

Des normes: le groupe va établir une façon de fonctionner, des valeurs auxquelles chacun adhère et où il se reconnaît.

Des objectifs communs: le groupe se fédère sur des tâches, des centres d'intérêt et des problèmes qui le concernent directement.

Des réactions collectives: le groupe réagit collectivement aux événements, à l'environnement hostile.

Des comportements affectifs: les individus du groupe vont établir des rapports sympathie-antipathie entre eux.

Un inconscient collectif: le groupe engendre un inconscient collectif, qui naît de son histoire, de son passé, de son vécu.

La dynamique de groupe

On peut définir la dynamique de groupe par ces deux aspects:

1. Les phénomènes psychosociologiques qui se produisent dans les petits groupes.
2. Les méthodes qui permettent d'agir sur l'individu, en passant par le petit groupe, et celles qui vont agir sur le petit groupe, en passant par l'individu.

Le groupe est une entité

Le groupe a sa vie propre, son vécu. Aucun groupe n'est identique à un autre. Voilà ce que devraient retenir ceux qui animent des réunions sans tenir compte du particularisme de chaque groupe.

Qui influence qui ?

Le rassemblement de plusieurs personnes provoque des systèmes d'influences souvent difficiles à maîtriser.

L'influence positive de l'individu sur le groupe

Les individualités différentes vont enrichir le groupe. Chacun apportant avec lui ses qualités, ses défauts, ses motivations, ses besoins, sa façon de voir les choses, le balayage des analyses, des réflexions, des solutions sera plus large.
Mais, comme rien n'est jamais parfait, certains facteurs de cette diversité peuvent créer chez le participant des réactions particulières.

L'influence négative de l'individu sur le groupe

Les blocages culturels: notre culture, notre environnement sont un frein non négligeable à notre adaptabilité au groupe.
Les blocages de fonction: la fonction que nous avons dans un groupe, le pouvoir hiérarchique par exemple, va nécessairement influencer la position des autres participants.
Les blocages affectifs: l'antipathie ou la sympathie est un élément important d'influence.
Les blocages de conformisme: sortir du cadre de référence est, nous l'avons dit, un comportement difficile à vaincre.

L'influence du groupe sur l'individu

Le groupe effectue une pression sur chaque individu. Cette pression prend plusieurs formes:
1. Pression de conformité, qui peut pousser l'individu à réagir comme les autres pour leur ressembler.
2. Pression des certitudes: si l'on est plusieurs à penser cela dans le même groupe, on aura du mal à changer d'opinion.
3. Pression de la survie du groupe: la cohésion des individus se renforce pour exister.
4. Pression des relations affectives: « J'aime bien ces gens-là, je vais penser comme eux. »

Les deux fonctions du groupe

La fonction production: elle est axée sur la tâche. C'est souvent par une mauvaise compréhension de la situation et du travail à faire que le groupe va avoir du mal à atteindre ses objectifs.
La fonction entretien: c'est la fonction de survie et de préservation du groupe. C'est l'interaction des individus dans le groupe.

De l'influence du groupe et de l'individu (expérience de Asch)

Un sujet naïf est placé, par un tirage au sort truqué, en avant-dernière position. Les sept participants qui vont parler avant lui sont des comparses. Après une série d'autres expériences où le « naïf » a trouvé ses réponses conformes à celles des autres, et par conséquent crée une sorte d'adhésion à leurs opinions, Asch présente aux participants un carton avec un segment de droite « étalon » et, sur un autre carton, 3 segments de droites, dont un correspond à l'étalon et deux autres segments sont de longueurs différentes. Quel est de ces trois segments celui qui est identique à l'étalon?

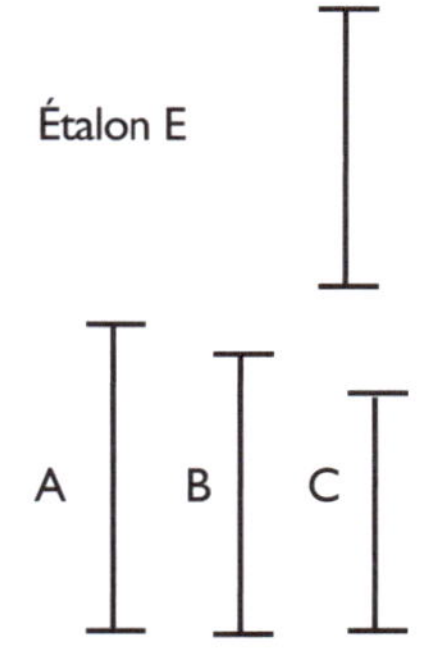

**Quelle n'est pas alors la stupeur du sujet naïf d'entendre que tous ceux qui parlent avant lui donnent séparément une réponse fausse. L'influence des autres est telle que 32 % des naïfs donneront les mêmes réponses fausses que les autres. En revanche, si un seul de ceux qui le précèdent donne la réponse conforme à son opinion, il l'assume.
C'est donc l'unanimité qui va influencer l'individu.**

LE GROUPE
MODE D'EMPLOI

● Les qualités du chef:
- Il est fiable.
- Il fixe des objectifs clairs.
- Il fait respecter les consignes.
- Il écoute.
- Il est responsable.
- Il évalue et prend les décisions.
- Il sanctionne.

● Les qualités du leader:
- Il répond aux besoins du groupe.
- Les autres se reconnaissent en lui.
- Il est plongé dans le groupe.
- Il est séducteur et est aimé.
- Il influence de l'intérieur.

Quatre styles d'animation

● Doctoral:
Ce n'est pas une animation. L'information est en sens unique.

● Directif:
L'animateur impose ses objectifs et ses idées à la fois. Il organise, donne la parole, la retire. Impose ses points de vue. Le groupe s'exprime peu.

● Participatif:
Il établit un objectif commun. Écoute et reformule. N'impose rien, mais propose. Facilite l'expression libre et tient compte des minorités.

● Laisser faire:
L'animateur n'intervient pas. Il observe sans jugement. Il ne participe pas. Il se laisse manger par le groupe. Il démissionne de ses fonctions.

Le leadership

Selon K. Lewin, « le leadership est une production du groupe » (in *Psychologie de la Communication*, Abric). Le groupe a une énergie potentielle. Cette énergie crée des tensions et ces tensions créent des besoins. Pour répondre à ces besoins, apparaît le leader.

Naissance d'un leader

Être leader n'est pas un statut. Le leader ressent les besoins du groupe à un moment donné et sait y répondre. Il n'est donc pas lié directement à sa fonction hiérarchique. Ce leader est l'émanation de la dynamique propre du groupe à un moment de sa vie. Il peut changer en d'autres temps, si les besoins du groupe changent.

Le chef doit être aussi un leader

Le chef a un statut établi. Son rôle est bien défini. Il conduit son équipe. C'est le patron reconnu comme tel. Sa qualité de chef en fait le responsable. Cela ne suffit plus!!!

L'expérience prouve que si le chef n'est pas un leader ou si le leader n'est pas le chef, il faut s'attendre à des déboires et des échecs considérables.

D'ailleurs, les qualités que l'on demande au chef et au leader ne sont pas les mêmes. Dans le meilleur des cas, elles seront complémentaires.

L'animateur: ni chef ni leader

Nous le comprenons bien: manager un groupe ne sera pas chose facile pour l'animateur de la réunion.

Prendre en charge autant de fonctions, de relations, de réactions, de comportements demande un savoir-faire, qui va passer par quelques éléments incontournables et des attitudes bien définies.

La fonction d'animateur

Bien animer un groupe se fera d'autant mieux que l'animateur n'a pas de pouvoir hiérarchique. L'animateur n'est pas en concurrence de leadership, bien au contraire. Dans la réalité professionnelle, bon nombre d'animations de groupes sont dirigées par le chef.

Le rôle de l'animateur est de canaliser l'énergie potentielle du groupe et d'entretenir un équilibre entre la fonction de production et la fonction relationnelle. En privilégiant l'une ou l'autre, selon le cas.

Préparer sa réunion

L'animateur d'une réunion, quelle qu'elle soit, doit préparer celle-ci de façon à cerner clairement deux composantes: l'objet de la réunion et l'objectif de la réunion. Pour cela, il faut qu'il sache où il va, avec qui il y va, comment il y va.

L'objet de la réunion

De quoi allons-nous parler au cours de cette réunion?
Quelles sont les informations qui sont nécessaires?
Son premier devoir étant d'organiser son ordre du jour, l'animateur hiérarchise les points à aborder.

L'objectif de la réunion

Trop souvent, les membres du groupe ne savent pas très clairement quel est l'objectif de la réunion. S'agit-il d'une réunion d'information, d'une réunion de discussion, d'une réunion de résolution? etc.

Les participants et le contenu

Sont-ils vraiment impliqués et en quoi?
Quelle connaissance ont-ils du thème?
Doivent-ils préparer eux aussi cette réunion?
Quels documents leur faire parvenir?

La disposition classe d'école: « ensemble sous mon autorité »

Éventuellement pour des réunions d'information. Mais c'est une disposition qui rend certains proches de vous, d'autres éloignés. Pour de l'interaction, c'est peu souhaitable.

La disposition en rond: « tous égaux »

La table ronde est réservée au groupe de 4 à 6 personnes. Elle facilite les échanges conviviaux. Les tables disposées en rond permettent de voir tout le monde. Effet bénéfique aussi pour se centrer sur la tâche.

La disposition en U: « ensemble sous ma responsabilité »

Elle permet une ouverture et le passage de l'animateur qui souhaite avoir des moments privilégiés de contacts rapprochés et d'autres plus éloignés. Tout le monde voit le tableau de papier, la vidéo ou le rétro.

Cinq types de réunion

● Réunion de discussion: partage de savoir
Le but est d'échanger. Le rôle de l'animateur sera la facilitation de l'expression de tous. Il aura une fonction de régulation.

● Réunion d'information: faire savoir
L'objectif de l'animateur est de passer des informations personnelles ou de retransmettre des messages venus d'ailleurs.

● Réunion de feed-back: information montantes
L'animateur se met à l'écoute du groupe. Il va recevoir des informations et des questions.

● Réunion de formation: savoir faire
- L'étape information: ce que l'animateur sait.
- L'étape apprentissage: ce que les participants ont acquis.

● Réunion de résolution: pouvoir faire
L'objectif est de résoudre un ou plusieurs problèmes. La réunion doit apporter des solutions et un plan de mise en action.

● La réunion de créativité: remue-méninge
Sortir du cadre de référence. C'est une réunion qui, outre le fait de trouver des solutions hors des sentiers battus, peut être une manière de « team building ».

« Je m'appelle… Euh! Euh! »

Je suis toujours étonné de la façon dont les gens se présentent lors d'une réunion. C'est généralement assez lamentable. Ils bredouillent deux ou trois mots, les yeux rivés sur leurs mains croisées. Préparez donc une présentation type en quelques phrases. Vous aurez tant de fois à le faire dans votre vie. Ce n'est pourtant pas bien méchant, puisque c'est vous qui choisissez ce que vous voulez dire et, plutôt que de bafouiller des mots inaudibles, vous donnerez de vous une image volontaire et franche.
C'est pas si mal pour commencer.

Du ludique pour faire participer

Lorsqu'il s'agit de privilégier les échanges, l'interaction, il est heureux de commencer dès que possible un jeu, une énigme, un exercice ludique. Cet exercice centrera les participants sur une même recherche. Il y a bon nombre d'exercices proposés aux animateurs pour obtenir une participation des individus. Ne vous trompez pas, choisissez un aspect ludique qui soit en rapport avec les messages que vous souhaitez passer et la tâche sur laquelle doit se pencher le groupe.

Animer sa réunion

« Conduire, mener, diriger, manager… une réunion. » Autant de termes qui nous semblent trop connotés de directivité pour expliquer le rôle que doit jouer l'animateur. Animer, c'est donner la vie.

Le rôle de l'animateur

L'animateur est l'observateur actif du groupe. Il doit faire cohabiter deux attitudes apparemment opposées.
Il est le garant de la bonne marche du groupe au travail, du respect des consignes, de la fonction production du groupe. En même temps, cette attitude de contrôle doit être suffisamment ouverte pour permettre une bonne fonction relationnelle.
De la résultante de ces deux attitudes naîtra « un climat », « une ambiance », qui sont des facteurs essentiels pour réussir une bonne réunion.

Bien commencer sa réunion

Si vous avez le malheur de commencer en retard, vous aurez des retardataires de plus en plus nombreux les fois suivantes, et vous commencerez de plus en plus tard.
Nous l'avons dit, le climat, l'ambiance sont des facteurs qui vont conditionner une bonne ou une mauvaise réunion. Alors, même si ce que vous avez à faire n'est pas franchement drôle, pensez que sourire ne veut pas dire « se tordre de rire », « s'esclaffer », « s'éclater » mais tout simplement « je suis heureux de vous voir et de travailler avec vous ».
Dans les deux premières minutes, faites réagir les membres du groupe. C'est la condition impérative pour créer l'échange et la participation.
En rappelant l'ordre du jour, vous ferez ressortir l'objet de cette réunion et son objectif.

La mise au point

C'est tout au début qu'il faut s'assurer de l'état des connaissances de la situation. Vous devez vous mettre d'accord sur la manière de fonctionne; c'est le moment de préciser les règles du jeu. C'est au départ aussi que vous devez indiquer la méthode…
Parce que, après, ce sera trop tard! On peut obtenir des consensus assez facilement en amont, beaucoup plus difficilement après. Si vous le faites sans avoir prévenu, on pourra toujours vous soupçonner d'utiliser la règle à votre avantage.

La méthode analytique (S.P.A.S.A.)

Quel que soit le travail en groupe que vous devez faire, une méthode s'impose. Le médecin, le chercheur, le créateur, l'ingénieur, le financier, tous pratiquent ou devraient pratiquer la démarche analytique. L'animateur doit la pratiquer aussi.

1. La Situation

Il ne faut pas laisser passer ce démarrage sans contrôler la connaissance des participants. L'animateur s'attachera à canaliser le groupe pour qu'il reste dans la réalité, qu'il évite les interprétations et les débordements sur les autres étapes.

2. La définition du Problème

La situation étant connue, on peut maintenant définir le problème. Il ne s'agit en aucun cas « d'analyser » le problème. On ne pourra l'analyser que si l'on sait ce qu'il est. Définir le problème, c'est se mettre d'accord sur ce qu'il est mais, aussi, sur ce qu'il n'est pas.

Il ne faut pas hésiter à définir jusqu'aux mots que l'on choisit.

3. L'Analyse du problème

Cette étape est à notre avis la plus délicate, c'est elle qui fait le plus appel à la faculté d'analyse du groupe, mais aussi à son pouvoir de synthèse. Il ne s'agit pas encore de trouver les solutions, mais de savoir sur quoi elles doivent avoir une action.

4. La Solution

Selon l'adage qui dit « si un problème est bien posé, c'est déjà la moitié de la solution », si vous avez bien défini le problème dans une situation donnée, que ce problème a été analysé, radioscopié, découpé en plusieurs petits problèmes, vous comprenez bien qu'une grande partie des solutions est déjà appréhendée.

5. L'Action

Pour mettre en pratique les solutions adoptées, il reste à définir les actions qui permettront leur application. Le groupe va donc s'organiser pour agir.

Parmi ces actions, la première sera de faire parvenir le compte rendu de réunion à qui de droit.

Un plan de mémento de réunion s'appuiera sur quatre points : la Situation, le Problème, les Résolutions adoptées, qui Informer ? (S.P.R.I.).

La radioscopie du problème

Dans une situation connue, le problème étant clairement défini, nous pouvons l'analyser. La question clé est souvent le « pourquoi ? ».

C'est une étape en deux phases :

- **1re phase**

C'est une étape de discussion d'opinions. Chaque participant analyse le problème sous tous les angles. Chacun doit accepter l'analyse de l'autre. Les divers aspects du problème doivent être poussés au bout. Les mélanges de faits et d'opinions foisonnent. Il est souvent nécessaire dans cette étape de découper un problème en plusieurs petits problèmes.

- **2e phase**

La radioscopie aura permis de mettre à jour un certain nombre de faits, de paramètres, de systèmes causals. Il faut maintenant se recentrer sur les nœuds du problème, les organes vitaux, les liens entre les faits, pour savoir sur quoi doit porter la recherche de solutions.

Les supports d'animation

Pour animer de façon vivante, claire et ludique, l'animateur utilise un matériel plus ou moins sophistiqué. Plus le matériel est sophistiqué, plus l'animateur se cache derrière.

Le matériel

Ce que je viens de dire n'enlève rien à l'intérêt de certains outils très utiles et efficaces pour une animation vivante et ludique. Quel que soit le vôtre, vous l'avez essayé, il est en place avant la réunion et vous vous êtes entraîné à le déplacer, si besoin est.

Les transparents ou diapos

Ils seront peu chargés et peu nombreux.
Généralement, ils servent de supports à l'animateur. Ce sont ses aide-mémoire. Vous verrez qu'en utilisant les fiches comme nous vous l'avons appris dans la partie Face public, vos transparents seront faits pour les autres et non pour vous! Votre support sera la fiche.

Un bon support

- 5 lignes maximum.
- Peu de mots par ligne.
- Écrit gros (lisible à trois mètres sans rétro).
- Mettez de la couleur, mais pas trop.
- Évitez la redondance, les mots savants.
- Les dessins sont les bienvenus.
- Faites vivre vos supports.

Le support d'explication: on le projette, les participants le lisent et l'on commente ensuite.
Le support de synthèse: on développe ses arguments et l'on présente son support ensuite pour faire ressortir les quelques points forts que l'on souhaite voir mémoriser.

Le tableau de papier

Le tableau de papier permet le stockage des informations et des retours en arrière faciles. Il est utilisable avec les petits groupes. Assurez-vous qu'il soit vu de tous les participants. Vous pouvez déjà préparer des feuilles toutes faites (ce sera plus soigné, mais moins spontané). Vous les préparez au crayon, personne ne le verra! Et vous n'aurez qu'à repasser dessus en direct!

Typologie des participants!

Ce n'est pas nouveau! Vous avez dans la salle, quel que soit le groupe, les sept nains de Blanche- Neige. Les mauvaises langues disent que, parfois, il y a aussi Blanche-Neige!

Les sept nains de Blanche-Neige:
- Prof: c'est le savant, il cherche à montrer qu'il sait.
- Grincheux: il bougonne et n'est jamais content.
- Atchoum: il perturbe, c'est un agité.
- Simplet: il n'a rien compris, il est à côté de la plaque.
- Timide: il participe peu, il doute de lui.
- Joyeux: il fait rire le groupe, il joue le contrepoint.
- Dormeur: il s'ennuie, il n'est pas là.

Qui n'a pas, dans ses groupes de travail, des participants qui ressemblent à ces sept nains?
Un bon groupe, n'est-ce pas justement celui-là?

Une bonne animation

Attitudes	Comportements
Attentive	
Vigilance permanente	Regard en contrôle
Écoute active	Posture en avancée
Conviviale	
Non directif	Gestes ouverts
Participatif	Régulateurs de tête
Humour	Sourire zone intime
Constructive	
Connaît le but	Gestes de cadrage
Fait tout pour l'atteindre	Énergie et solidité
Exploite les idées du groupe	Note sans juger
Objective	
Pas de préférence manifestée	Le ton est non sélectif
Impartialité de jugements	Regard équitable
Non déstabilisateur	Gestes de partage
Réceptive	
Accepte les opinions des autres	Gestuelle peu pointeuse
Relance en écho	Parle peu
Reformulation	Postures en écho
Disponible	
S'intéresse à chacun	Pas de geste barrière
Prend en compte les difficultés	Empathie, flexibilité

Accord

Le rôle du secrétaire

Le rôle du secrétaire est capital. Il prend peu la parole, ce qui le rend plus à l'écoute de l'animateur comme du groupe. Il représente pour l'animateur une aide non négligeable. C'est une sorte de modérateur à l'intérieur du groupe.

UNE BONNE ANIMATION MODE D'EMPLOI

● Bien commencer:
- Le climat est capital.
- Rappel de l'objet et de l'objectif.
- Vérification des informations de tous.
- Rappel de l'ordre du jour.
- Rappel des normes de fonctionnement.

● Votre comportement sera A. C. C. O. R. D.:
- Attentif.
- Convivial.
- Constructif.
- Objectif.
- Réceptif.
- Disponible.

● Le secrétaire:
- Une fonction capitale.
- Il sert de modérateur.
- Il fait les synthèses partielles.
- Il rédige la synthèse globale.
- Il rend compte.

● Le matériel d'animation:
- Peu de transparents ou diapos (1 toutes les 5 minutes est l'idéal).
- Des transparents peu chargés (4 à 5 lignes).
- Des transparents de synthèse ou de support.

Le face public

Mesdames,

Messieurs,

Bonjar!

Dix, cent, cinq cents personnes, quatre mille personnes… Une rumeur dans la salle. Des projecteurs qui éclaboussent une estrade là-bas, tout là-bas… Et le chemin pour y arriver: long, très long, trop long!… Vous marchez au supplice, vos jambes sont de flanelle, votre cœur bat la chamade, une bouffée de chaleur vous monte au visage… (c'est le moment de respirer avec le ventre).
Ça y est, vous y êtes, face à vous, le trou noir, le grand trou noir…

Vous allez parler. Vous devinez ce public qui vous découvre, vous scrute, vous décrypte, vous investit…

Testez votre souffle oratoire

- **Quatre fois sur une seule expiration en gardant la même force vocale.**

1. Les traits très tirés de tata Dédé lui donnent un attrait très pâte à gâteaux.

2. Ton docteur autodidacte d'Étretat dicta sans laisser de date tous ses desiderata.

- **Une fois sur une seule expiration en finissant fort.**

3. Un pêcheur prépare pitance, plaid, pliant, pipe, parapluie, prend panier point percé pour pas perdre petits poissons, place dans poche petit pot, parfaite piquette, puis part pédestrement pêcher pendant période permise par police.

4. Le petit baudet battu par le bêta Barnabé passa barbelés pointus pour pouvoir brouter en paix mais le buté Barnabé plus bêta que le baudet le poursuivant dans le pré se prit pied dans barbelés. Demandez au grand dadais qui de dedans regardait qui des deux bêtes butées est le plus âne bâté.

Gérer ses émotions

Le trac? Rien de plus simple, nous pouvons vous l'expliquer. Une glande surrénale qui sécrète de l'adrénaline, qui engendre une élévation de la tension, du taux de sucre et de globules rouges…

Se préparer, c'est respirer

Bien sûr, les bêtabloquants vont agir sur le rythme cardiaque. Bien sûr, les anxiolytiques… Bien sûr, le verre de scotch…

Mais l'outil purement humain, l'outil physiologique existe. Il est efficace, il fonctionne et il est vieux comme le monde: c'est la respiration ventrale, celle qui agit sur les poumons bas, celle qui décontracte. N'oublions pas que notre corps est un instrument à vent, puisque c'est l'expiration qui fait vibrer les cordes vocales.

Lorsque vous vivez une situation stressante, le diaphragme qui sépare les poumons des viscères a tendance à se crisper et à remonter vers les poumons. Vous donnez l'impression de parler en apnée et la salle, mal à l'aise, respire pour vous.

Respirez avec le ventre

Placez votre main à plat, au niveau du nombril, paume vers le haut. Attachez-vous à ce que votre main avance dans l'inspiration et rentre au creux du ventre dans l'expiration. Inspirez et soufflez profondément et sans tension.

Respirer pour parler

Pour inspirer debout
Descendre le diaphragme, épaules basses.
Redresser la colonne vertébrale au niveau des lombaires.
L'inspiration doit être silencieuse et se faire rapidement.
Poumons bas ——> puis poumons hauts.

Pour expirer debout
Pousser avec les muscles abdominaux et les reins.
Agir sur le diaphragme en relâchant les muscles thoraciques.
Rester droit en gardant les épaules basses.
L'expiration doit être lente.
Poumons hauts ——> puis poumons bas.

Sur l'entretien

Abric J.-C., 1996, *Psychologie de la communication*, Paris, Armand Colin.
Bourdoiseau Y., 1976, *Savoir négocier*, Paris, Retz.
Dora M., Millet G., 1981, *Comment mener un entretien individuel,* Paris, Dunod.
Duridollou B., 1992, *Réussissez vos entretiens professionnels,* Paris, E.S.F. Éditeur.
Maisonneuve J., 1966, *Psychosociologie des affinités*, Paris, P.U.F.

Sur les réunions

Abric J.-C., 1994, *Pratiques sociales et représentations*, Paris, P.U.F.
Anciaux, J. P., 1992. *La présentation orale et ses supports visuels*, Paris, Les Éditions de l'Organisation.
Anzieu D. et Martin J.-Y., 1979, *La dynamique des groupes restreints*, Paris, P.U.F.
Belanger J., 1973, *Des réunions de travail plus efficaces*, Paris, Les Éditions de l'Organisation.
Bouvard et Buisson, 1988. *Gérer et animer un groupe*, Paris, Les Éditions de l'Organisation.
Coqueret A., 1963, *Comment diriger une réunion*, Paris, Édition du Centurion.
Doyle et Strauss, 1976, *Réunions mode d'emploi,* Paris, Albin Michel, Collection Businessman.
Feuillette I., 1989, *Le nouveau formateur*, Paris, Dunod.
Maisonneuve J., 1978, *La dynamique de groupe*, Paris, P.U.F., Que sais-je?
Mucchielli R., 1992, *La conduite de réunions*, Paris, E.S.F. Éditeur.
Mucchielli R., 1992, *La dynamique des groupes*, Paris, E.S.F. Éditeur.
Osborn A., 1965, *L'imagination constructive*, Paris, Dunod.
Saint-Arnaud Y., 1978, *Les petits groupes: participation et communication*, Montréal, P.U.M.
Timbal-Duclaux L., 1989, *Les réunions avant, pendant, après*, Paris. Retz.
Von Oech, 1986, *Créatif de choc!,* Paris, First.

Sur la parole en public

Boon H., Davrou J., Macquet J.-C., 1985, *La sophrologie*, Paris, Retz.
Carle E., 1998, *Bien communiquer en public c'est facile*, Marabout.
Cornut G., 1983, *La voix*, Paris, Que sais-je, n° 627.
Furet Y., 1975, *Savoir parler en toutes circonstances*, Paris, Retz.
Lebel P., 1990, *L'intervention orale*, Paris, Retz.
Lequenne M., 1985, *Bien parler en public*, Paris, Les Éditions de l'Organisation.
Liss J., 1971, *Débloquez vos émotions*, Tchou, Paris.

Sur le débat

Belanger J.. 1970, *Technique et pratique de l'argumentation*, Paris, Dunod.
Bourdoiseau Y., 1976, *Savoir négocier*, Paris, Retz.
Collard G., 1999, *L'art de s'exprimer en toutes circonstances*, Paris, Presse de la Renaissance.
Piatelli Palmarini M., 1999, *L'art de persuader*, Paris, Éditions Odile Jacob.
Reboul O., 1984, *La rhétorique*, Paris, P.U.F.

Dessins : Didier Neel.
Photos : Stéphane Leduc.

Imprimé en Italie par Rotolito Lombarda
Dépôt légal n° 58764 - Mai 2005
ISBN: 2-501-03718-9
Édition 04
40-3395-7

Se relaxer pour être énergique

De la sophrologie, nous pouvons retirer des méthodes efficaces pour mieux vivre nos stress, mieux récupérer de nos fatigues et mieux nous ressourcer pour l'action.

Objectif: se relaxer

Pratiquer la relaxation relève d'une démarche simple, où chacun peut découvrir son propre savoir-faire.
- Se déconnecter d'un environnement agressif.
- Diminuer les tensions psychiques et corporelles.
- Retrouver un équilibre stable.
- Faire le vide dans sa tête et dans son corps.
- Dominer les effets du « trac ».

Quelques principes

- Respirer convenablement et calmement avec le ventre.
- Utiliser la décrispation progressive de la tête aux pieds (faites mentalement, de la tête aux pieds, le trajet de vos muscles à détendre).
- Se mettre à l'écoute de son corps (écoutez votre intérieur).
- Mettre son esprit en pensée de « bien-être » (un mot, une image qui, pour vous, est l'expression du « je me sens bien »).

Remobiliser ses énergies

Se relaxer ne serait pas suffisant pour vous préparer à l'action. Mobiliser ses énergies, restructurer ses pensées, voilà les passages obligés pour replonger dans la vie avec des forces nouvelles.
« Vingt minutes de ces techniques valent deux heures et demie de vrai sommeil » disent les spécialistes. D'autant qu'elles vous aideront à vous endormir si vous êtes insomniaque!

Se restructurer, comment?

- En se remettant à l'écoute de l'environnement.
- En redonnant progressivement une fonction à ses activités musculaires (les chats et les chiens s'étirent).
- En remobilisant les influx nerveux.
- En inspiration profonde.
- Le corps et l'esprit reprennent vivacité et tonus par un effet de rebond.
- Inspirations profondes, puis jets de gestes (coup de poing), d'impulsions rapides, allant au bout du mouvement en soufflant pour l'accompagner.

Mimez la bonne santé, plutôt que la maladie

Comment expliquer qu'un pianiste tremblant de trac va pouvoir mettre ses doigts sur les bonnes notes et jouer juste ses premières mesures? Pourquoi la danseuse aux jambes de flanelle en coulisses ne tombe-t-elle pas en faisant ses premières pointes sur scène?
Ils ont appris à respirer certes, mais cela ne suffit pas. Ils se mettent en action physique.
L'une des grandes difficultés du jeu de dire en situation critique est due à la fâcheuse impression que nous avons qu'il s'agit d'un cerveau qui parle à un ou plusieurs autres cerveaux. Rien n'est plus immobile, physiquement, qu'un cerveau en train de réfléchir. Le trac nous tétanise, notre cerveau s'embrume et nos mots s'évaporent.
C'est l'action qui nous libère des effets sidérants du trac. C'est donc en adoptant des attitudes corporelles énergiques que nous pourrons mieux canaliser ses effets. En libérant le corps, vous libérez l'esprit.

La danse de l'ours

Les pieds de l'orateur parlent pour lui. Ils exécutent à son insu toutes sortes de danses qui expriment l'instabilité. La danse la plus souvent exécutée est « la danse de l'ours ».
Un pas en arrière: « Je voudrais être ailleurs » dit l'un des pieds.
Un pas sur le côté: « Mais il ne faut pas » répond l'autre pied.
Un pas en avant: « Alors je reviens » reprend le premier… et la danse de l'ours se poursuit ainsi.
Au bout de cinq minutes, les spectateurs auront le tournis.

Du métronome à la balançoire

Si vous avez tendance à vous balancer de droite à gauche, c'est aussi pour vous rassurer (se bercer)! Ce risque peut disparaître à l'instant.
Lorsque vous vous installez face au public, pensez simplement à mettre vos pieds parallèles. Sans les mettre en dedans, renfermez un peu les pointes. Le tour est joué. Cette posture vous stabilisera et vous n'aurez plus à y penser.

Cinq principes pour bien commencer une prise de parole en public

Un homme ouvert

Comme tout le monde, vous préférez parler à quelqu'un d'ouvert. Généralement, les prises de parole « face public » commencent par « Bonjour », et quand vous dites bonjour à quelqu'un, vous lui tendez la main, vous faites un geste vers lui.
Avant votre intervention, commencez donc par ouvrir votre gestuelle.

1er principe: ouvrez votre gestuelle.

Un homme qui avance

Les mains oui! Mais les pieds?
Lorsque vous tendez votre main pour dire bonjour à quelqu'un, vous allez vers lui. Avancer vers le public, c'est déjà rechercher le partage.

2e principe: avancez vers le public.

Un homme qui regarde

Puisque vos pieds ne peuvent vous emmener autre part, c'est avec vos yeux que vous allez vous évader.
Toutes ces fuites du regard crient « au secours! à l'aide! j'ai peur! ».
Prenez l'initiative: vous sentez que l'on vous regarde? Eh bien, regardez à votre tour.

3e principe: regardez le fond de la salle.

Un homme chargé d'énergie

Le trac du début fait que certains intervenants parlent en apnée. Pour éviter les tremblements de voix, pour être percutant dès le premier mot, prenez une inspiration ventrale pendant que vous avancez.

4e principe: inspirez.

Un homme convivial

Difficile à vivre, ce démarrage! Alors, comment sourire? Vous allez enfin dire bonjour, ne faites pas une mine de six pieds de long.

5e principe: souriez.

Lire en public

La technique que nous vous proposons peut s'acquérir très vite. Rigoureusement appliquée, elle est toujours d'une efficacité fabuleuse.

Une lecture en trois temps

L'un de nos formateurs, Gérard Probst, aime à dire que « toute prise de parole doit rester un dialogue ». C'est dans la lecture en public que l'on a le plus de mal à préserver ce dialogue muet. L'orateur parle plus souvent à sa feuille qu'à son public.

Principe de base: décaler le temps de lire du temps de dire.

Premier temps: le chargement

Je lis avec les yeux: « Je prends livraison de quelques mots ».

Deuxième temps: le transport

Je regarde le public: « Je regarde à qui je vais livrer ces mots ».

Troisième temps: la livraison

Je dis ce que j'ai lu: « Je fais ma livraison, toute ma livraison ».

Prenez encore le temps de vérifier du regard si la livraison a été reçue avant d'aller chercher la suite.

Une lecture vivante

Commencez toujours par un geste vers votre public. Poursuivez par une gestuelle vivante. Variez le nombre de mots à livrer. Ne parlez jamais à votre feuille. Elle ne vous répondra pas. Avec la pratique, vous vous donnerez le temps de prendre de plus en plus de mots. Assumez vos silences. Ils vous paraîtront plus longs qu'à ceux qui vous écoutent.

Lecture au pupitre

Le pupitre n'est pas un appui ou un paravent. L'orateur a tendance à s'y accrocher comme à une bouée, ce qui réduit sa gestuelle. Ne vous approchez donc pas trop de ce pupitre. Laissez un peu d'air entre vous et lui. Il est à la hauteur de votre coude. Posez les mains sans vous appuyer.

1. Je lis. *2. Je regarde.* *3. Je dis.*

La lecture en 3 temps

Vous utilisez un micro?

Comme la fourchette, c'est le micro qui vient à la bouche, pas l'inverse. Faites toujours un essai micro en répétition. Cet accessoire est utilisé de plusieurs manières.

● Micro baladeur à la main

Il ne doit pas s'éloigner ou s'approcher de la bouche. Si vous n'êtes pas habitué au micro, appuyez-le légèrement sur le menton, au-dessous de la bouche. Votre souffle passera par-dessus. S'il y a un fil qui le relie à l'ampli, tenez une boucle à la main pour lui laisser du mou. Cela vous évitera dans vos déplacements de le voir s'échapper de votre main et de le retrouver en kit sur le sol.

● Micro sur pied

Réglez-le, avant de parler, sous la ligne du cou (mieux vaut plus bas que trop haut). Multi-directionnel, il vous permettra tout de même de bouger la tête, sans que le son se perde.

● Micro-cravate

Évitez les frottements sur la veste (collier, broche).

Ne vous frappez pas la poitrine, même si vous souhaitez montrer votre sincérité!

Le micro-cravate est de loin le plus pratique, puisqu'il vous permet de vous déplacer et d'avoir les mains libres.

Ce ne sont pas des antisèches

Ceux qui hurlent que les fiches « ça ne marche pas ! » ont négligé deux éléments essentiels: la manière de les préparer et comment les utiliser.
Lorsque le support fiche n'a pas été efficace, c'est toujours parce que l'orateur n'a plus retrouvé le sens de ses notes ou ne s'est pas donné le temps de les lire. Cela coince au niveau des charnières, des mots clés.

Quand on a des phrases, on cherche les mots.
Quand on a des mots, on trouve les phrases.

Leur manipulation

- **Prenez le temps de les regarder réellement. Cela vous force au silence. Ce silence aide aussi votre public. Il vous suit sans courir.**
- **Tenez vos fiches dans le creux de la main. Les tenir par un bout, c'est risquer de les voir s'envoler comme une poignée de confettis.**
- **Tenez-les à hauteur de la taille. Votre bras peut bouger ! Changez de temps en temps de main.**

De la mauvaise utilisation des fiches

L'improvisation guidée : parler avec des fiches

Aussi parfaite que soit une lecture en public, elle n'apportera pas la vérité que peut donner un parler non récité. N'apprenez jamais par cœur vos prestations en public, un jour vous le regretteriez.

Préparez des fiches: c'est l'outil par excellence de toute présentation ou de tout discours public que l'on veut « naturel ». Son utilisation est d'une efficacité et d'une fiabilité qu'aucun autre moyen ne peut égaler.
1e étape : écrivez d'abord votre texte en linéaire, pour vous! C'est-à-dire tout le texte, même si vous ne soignez pas l'écriture, la syntaxe… Réservez-vous une marge. Quand vous aurez ce continuum, vous pourrez sortir dans la marge vos mots clés, et le lien se fera naturellement.
2e étape : notez en majuscules ces mots. Écrivez uniquement au recto toujours noir sur blanc. Préservez l'unité d'une fiche. Un même argument = une même fiche. Numérotez vos fiches.
3e étape : ajoutez un code couleur pour mieux repérer la hiérarchisation de vos arguments.
4e étape : gardez une réserve pour le cas où vous auriez besoin d'un exemple de plus, d'une anecdote, d'une citation…

Numéroter recto-verso -1-

FICHE BRISTOL (75 X 125 mm)

MOTS
GROS
NOIR SUR BLANC
MAJUSCULES
CODE COULEUR
UNE UNITÉ VERBALE PAR FICHE
UNIQUEMENT RECTO

Réserve : au cas où…

Autres CITATIONS
Autres EXEMPLES
Autres ANECDOTES

Préparer un discours

Nous appelons discours toute prise de parole en public, qui va du discours de table pour un mariage à la remise de médailles ou au cours magistral, en passant par le grand oral d'un examen ou l'exposé professionnel.

Faire court

Tout dire ne sert à rien. Mais faire court signifie beaucoup de travail. Voltaire, à la fin d'une de ses lettres, écrivait: « Excusez-moi d'avoir été long, je n'ai pas eu le temps de faire court. » Hiérarchiser ses arguments et ses informations pour ne garder que le nécessaire, cela prend du temps en effet.

Préparez d'abord votre conclusion!

D'ores et déjà, lorsque vous préparez un exposé, un discours sur un thème particulier, commencez par préparer au brouillon votre conclusion. Cela vous obligera à savoir avec précision où vous voulez aller et votre objectif final. En préparant ensuite votre prise de parole, votre cheminement sera simplifié. Vous éviterez les vagabondages et les détours inutiles.
Et rien ne vous empêchera plus tard de la modifier quelque peu si votre raisonnement a évolué entre-temps. Les rhétoriciens donnaient à la conclusion le nom de « Péroraison »... Ce n'est pas une raison pour pérorer!

Soigner son accroche

Quel que soit le type de discours, l'accroche est essentielle. Surprendre, étonner, voilà un bon moyen d'intéresser dès le début ceux à qui l'on s'adresse. Vous pouvez même décaler le « bonjour » ou les formules de politesse pour les placer après l'accroche.
L'humour sera le bienvenu. Ce qui est sans humour est sans humanité! Cela ne signifie pas qu'il faut, à la manière anglo-saxonne, raconter systématiquement une blague à mourir de rire avant de commencer! Les cartésiens que nous sommes acceptent mal ce démarrage, s'il n'a aucun rapport avec la suite.

La s.i.c.a.v. discours

S-imple	——>	Vocabulaire	pour	——>	le Fond
I-magé	——>	Exemples	pour	——>	les Preuves
C-ourt	——>	Concision	pour	——>	le Récepteur
A-éré	——>	Ponctuation	pour	——>	la Forme
V-ivant	——>	Orateur	pour	——>	l'Émetteur

Le discours d'effet

Le discours d'effet joue essentiellement sur les motivations, les opinions et les sentiments. Son objectif premier est de mobiliser et de motiver. Il peut être subjectif, puisqu'il est le reflet de l'opinion de l'orateur. Il est souvent long, trop long!
Les qualités premières que doit dégager l'orateur sont l'énergie, la conviction et l'engagement.

Le discours d'information

Il s'agit bien d'un discours d'information. Il faut donc donner toute l'information, mais rien que l'information. Ce type de discours doit être objectif. Son rôle principal étant de porter à la connaissance des autres des messages venus souvent d'ailleurs, évitez les interprétations personnelles, volontaires ou pas.

Le discours de formation

Il doit être le plus simple possible. L'interaction continue est le principe de base de ce type de prise de parole.
Vous connaissez la recette, faites-leur faire la cuisine.

Le discours d'occasion

Ce n'est pas la fonction qui parle, c'est l'individu. C'est le moment de vous faire connaître en tant qu'être humain. C'est le discours affectif par excellence. La convivialité, le sourire, l'anecdote sont de mise.

« Il n'y a pas assez de femmes en politique! »

Si vous commencez par cette phrase d'opinion, vous séparez déjà la salle en deux camps: les « pour » et les « contre ». Partir d'un fait indiscutable, c'est partir sur un accord.

● Fait: « En France, la population française en âge de voter est pour 51,4 % féminine. En politique: 8 % de femmes. »

Si les chiffres sont exacts, personne ne pourra les contredire. Il peut s'agir d'exemples, d'anecdotes… Mais ils doivent être reconnus comme indiscutables.

● Opinion: « Ce n'est pas assez! La politique étant la gestion de la cité, les femmes gèrent l'économie familiale, l'éducation… » Ici se développe votre argumentation.

● Sentiment: « Nous nous privons du charme féminin, du plaisir d'entendre autre chose que… »

Ici prend place l'affectif, le cœur, l'irrationnel.

● Intention d'action: « Il faut agir dans ce sens. Décider d'un quota minimum… donner aux femmes… » Ici le programme, l'action à mettre en œuvre.

● Résonance: « … Dans quelques années, nous aurons… » Ici la projection, la conséquence de l'action entreprise.

Construire son argumention

Notre argumentation repose sur quelques éléments simples que l'on a tendance à mélanger allégrement pour se donner raison.

Commencez par les Faits (objectivité)

Quand l'orateur, l'animateur ou le formateur parle, il cherche à vendre une idée, une analyse, une décision. Pour ce faire, il est comme tout vendeur: il ne peut obtenir un engagement que sur un accord. Sur quoi avons-nous le plus de chances de nous mettre en accord? Sur les faits! C'est donc sur des faits qu'il est bon de lancer une argumentation.

Poursuivez par les Opinions (subjectivité de la tête)

Ce sont les analyses, les propositions, les convictions de l'orateur face à ces faits. C'est ici qu'interviennent les arguments, la démonstration, les réflexions. L'opinion est subjective, mais cette subjectivité est le fruit d'un raisonnement qui se veut logique.

Partant du fait, l'orateur démontre sa thèse.

Donnez du Sentiment (subjectivité du cœur)

Les sentiments font partie de nos convictions. Naturellement, ils sont subjectifs, mais cette subjectivité ne passe pas par un raisonnement, elle s'appuie sur du ressenti. Le sentiment n'est pas inutile, il donne de l'humain à ce qui ne serait que démonstrations mathématiques. L'orateur fait entrer ici les éléments irrationnels et joue la corde sensible.

Proposez une Intention d'action (engagement)

Parler doit se traduire par une volonté d'action. L'orateur tire les conséquences de son raisonnement et de ses sentiments pour marquer les intentions d'action. Comment agir pour aller dans le sens qu'il vient d'étayer sur des faits, de démontrer par des opinions, renforcer par des sentiments.

C'est là que les objectifs sont définis, ainsi que les modalités de mise en application pour les atteindre.

Finissez sur la Résonance attendue (conséquences)

De cette mise en action naîtra une nouvelle situation, qui sera la résonance de cette action, le nouvel état. Le résultat attendu.

> Souvenez-vous de ce schéma de construction: F. O. S. I. R.

Savoir improviser

L'improvisation, quelquefois nécessaire, est toujours un bon entraînement pour apprendre à parler en toutes circonstances. Elle fait appel à votre cerveau droit, celui des analogies, des associations d'idées, des métaphores. Votre cerveau gauche est trop sémantique, logique et rationnel pour se lancer comme cela sans savoir où il va. Il vous bloque. Il faut donc suractiver le droit.

La forme fait naître le fond

Pour bien improviser, il faut se libérer du carcan de l'autocensure:
- Commencez par une affirmation.
- Commencez franchement avec un ton fort.
- Assumez les silences.
- Dynamisez le corps, faites des gestes ouverts.

Les moyens

- Dès qu'il y a blocage, utilisez la répétition. C'est une recette miracle. Cet écho fait à vous-même permet d'alimenter facilement la suite. Cela marche toujours. Essayez!
- Usez de reformulations, de paraphrases, de périphrases... Les mots feront naître les idées.
- Utilisez les chapelets de mots (synonymes, qualificatifs...).
- Exprimez à haute voix les questions que vous vous posez. On suivra mieux votre démarche et vous donnerez un caractère authentique à votre improvisation.
- Évitez les mots restrictifs: « Je ne sais pas très bien, il est possible... » Ils sont autobloquants.
- Recadrez sur ce que vous venez de dire, cela vous aidera pour un nouveau départ.
- Soyez vigilant, la chute se présentera d'elle-même. Soyez prêt à la saisir.

L'entraînement par analogie

Prenez un objet, que vous voyez: un verre, une table, un cendrier... ou une situation que vous connaissez bien... ou un souvenir qui vous a marqué.

Vous avez en tête de nous parler d'un thème. Gardez ce thème en mémoire mais partez sur l'objet, la situation, le souvenir que vous connaissez bien. Parlez-en, décortiquez-le en faisant dès que vous le pouvez un lien analogique avec votre thème.

C'est un exercice que tout le monde arrive à réaliser, je vous l'assure.

LA PRISE DE PAROLE EN PUBLIC MODE D'EMPLOI

● Les 5 premières secondes avant de parler: O.A.R.I.S.
- Ouvrez votre gestuelle.
- Avancez.
- Regardez le public.
- Respirez avec le ventre.
- Souriez.

● La lecture en public à trois temps:
1. Lisez avec les yeux sans parler.
2. Levez la tête et regardez le public.
3. Dites ce que vous avez lu.

Attendez d'avoir tout dit, avant de revenir sur la feuille pour prendre la suite. Faites des gestes.

● Préparez vos fiches. Ce ne sont pas des antisèches! Légitimez-les dès le début.
- Écrivez le mot à mot de votre texte.
- Sortez les mots clés.
- Notez-les sur les fiches.
- Numérotez les fiches.
- Faites un code couleur.
- Préparez une réserve.

● Improvisez!
Entraînez-vous en vous expliquant par analogies.

Le débat coopératif

Après son exposé, l'orateur propose généralement un débat. Nous appelons ce débat un débat de type « coopératif ». Dans ce cas, il faut que vous le souhaitiez vraiment. Vous l'engagerez sous forme de jeu avec des partenaires et non sous forme de duel avec des adversaires. Sa raison d'être repose sur un désir louablement démocratique. L'orateur veut s'assurer qu'il a été bien compris. Il espère ainsi connaître les points de vue de chacun, les objections éventuelles, les suppléments d'informations à donner.

Ouvrir de façon positive

Il n'est pas toujours facile de poser la première question. Mais si, en plus, vous demandez « avez-vous des questions? », vous suggérez vous-même qu'il peut ne pas y en avoir. Il n'y a aucune raison pour que les gens se fassent violence. Ouvrez donc votre débat par: « Je suis sûr que ce que je viens de dire suscite chez vous quelques réflexions » ou toute autre invitation positive. Vous aurez 30 % de chances supplémentaires de recevoir des questions spontanées.

Ne pas entendre le « non-dit »

Trop souvent l'orateur perçoit derrière la question un non-dit désagréable, auquel il se presse de répondre. Sa réponse est alors agressive et c'est lui en réalité qui engage le fer. Si vous souhaitez éviter cette joute, ne répondez qu'à ce qui est dit. N'entendez pas le non-dit.

Répondre à tous

Vos réponses ne doivent pas être dirigées uniquement vers celui qui a posé la question. Vous devez concerner tout le monde. Commencez par répondre au questionneur, puis posez vos regards sur les autres. À vous de revenir sur lui en fin de réponse pour lui faciliter la reprise de parole, ou de finir vers d'autres participants pour relancer ailleurs.

Rechercher l'échange

Vous avez demandé que les participants vous posent des questions. Alors, laissez-les s'exprimer, ne les coupez pas. Incitez-les plutôt à vous en dire davantage. Ce comportement passe naturellement par l'écoute.

Ne donnez pas de bons ou de mauvais points

Il n'est pas rare d'entendre l'animateur du débat commenter une question avant de répondre: « Ah, voilà une bonne question! » Il donne un bon point comme à l'école. Lorsqu'il dit cela, il a déjà répondu à plusieurs autres dont chacun doit se dire, vexé: « Donc, ma question n'était pas bonne! »

Comment répondre à chacun

Le savant

Il cherche à vous piéger pour montrer à la salle qu'il en sait au moins autant que vous. Ne jamais blesser un « savant », il est souvent orgueilleux.
Notre conseil: valorisez-le.

Le retors

Il cherche la petite bête, en vous trouvant des poux dans la tête. Il essaye de vous prendre en flagrant délit de contradiction.
Notre conseil: n'opposez pas de résistance, reconnaissez que...

L'agressif

Il parle généralement vite et fort. Il réagit sur des sentiments, non sur des faits.
Notre conseil: n'écoutez que le fond, pas la forme.

Le rigolo

Il aime faire rire les autres. Il fait des calembours. Il est souvent bavard.
Notre conseil: mettez les rieurs de votre côté. Un peu d'humour.

Le timide

Il parle peu. Il bafouille quand il pose une question.
Notre conseil: allez le chercher sur des questions faciles.

Le débat compétitif

Pas d'hypocrisie. Le « tout le monde il est beau, tout le monde il est gentil » ne marche pas ici. Nous vous donnons donc aussi quelques outils (réalité oblige) pour marquer des points dans ce type de débat, avec un objectif: déstabiliser l'autre, manipuler l'échange et surtout ne pas « se faire avoir ».

Cinq principes de parades ripostes

Pour ne pas attaquer ou se défendre de front, le détournerment est chose courante en dialectique. Il va atteindre l'autre par ricochet. Philippe Leclerc rappelle souvent: « Pour déstabiliser l'autre, jouez plutôt judo que sumo. » Utilisez plutôt la force de votre adversaire que la percussion directe.

Le principe d'effet de loupe

Sortez un mot parasite de son contexte, mettez-le en évidence. « Vous avez dit "je crois", vous n'êtes donc pas sûr. » Grossissez les arguments de vos adversaires jusqu'à les rendre ridicules. Simplifiez le raisonnement adverse jusqu'à le rendre simpliste.

Le principe d'attribution de rôles

N'acceptez pas a priori le rôle que veut vous faire jouer votre adversaire. En revanche, mettez votre interlocuteur dans le rôle qui le dessert.

Le principe de transfert

Vous pouvez toujours passer du particulier au général ou du général au particulier. Vous pouvez aussi passer de la forme au fond ou du fond à la forme. Vous pouvez passer de ce qui est dit à celui qui le dit.

Le principe de dénonciation

Dénoncez le coup plutôt que d'y répondre. En le dénonçant, vous le désamorcez. Refusez la référence générique. « Tous les spécialistes s'accordent à dire… » Qui tous?

Le principe de fermeture

Enfermer l'autre dans un choix restreint est un piège efficace. « De deux choses l'une… »

Utilisez les stratégies pré-closes qui consistent à poser des questions qui entraînent l'autre dans un entonnoir et l'obligent à sortir par où l'on veut le faire sortir.

« Je ne suis pas votre élève! »

Le premier débat pour les présidentielles de 1974 entre V. Giscard d'Estaing et F. Mitterrand avait vu le premier diriger le débat et s'attribuer le rôle de professeur, plaçant ainsi Mitterrand dans celui de l'élève. Dès le début, Giscard avait imposé la règle du jeu: « Si vous le voulez, je propose que Monsieur Mitterrand me pose une question à laquelle je répondrai et puis je poserai ensuite une question à Monsieur Mitterrand qui… »

Et Mitterrand n'avait rien dit…

Sept ans plus tard, pour les nouvelles présidentielles de 81, nouveau débat entre les deux hommes, et au moment où Giscard demande:

- « Pouvez-vous répondre à cette question? »

François Mitterrand lança aussitôt:

- « Vous n'êtes pas mon professeur et je ne suis pas votre élève! » L'élève avait retenu la leçon.

Pour s'évader d'un piège

- **« À propos ». « À propos de cela… »: et l'on parle d'autre chose.**
- **« Anecdotes ». « Je me souviens… »: un exemple personnel.**
- **« Vous ». « Vous me faites penser à quelqu'un qui… »: prise en compte du questionneur.**
- **« Les aspects ». « Il y a plusieurs aspects dans votre question… »**

Quelques règles générales

● Le « je vous ai laissé parler, je vous prie de faire de même » sera d'autant plus efficace que vous l'aurez laisser parler.

● Le silence compte les points pour vous. Lorsque vous argumentez, ne couvrez pas un argument fort qui vient de faire mouche par d'autres moins solides.

● Maîtrisez votre agressivité pour éviter de devenir antipathique aux yeux des autres.

● Ne montrez jamais que vous êtes en difficulté. Le rire est une arme redoutable et sachez utiliser l'ironie et l'humour.

● N'oubliez pas que tout raisonnement, même le plus sensé, poussé à l'extrême devient ridicule.

Ne vous laissez pas enfermer dans une stratégie pré-close

« Vous préférez votre mère à votre cousine, je suppose? »
« Oui! Bien sûr. »
« Vous préférez votre cousine à votre voisine? »
« Ben oui! »
« Votre voisine à quelqu'un que vous ne connaissez pas? »
« Oui! » ...
Et vous en arrivez à dire que vous préférez un Français à un étranger. Pour vous en sortir, il faut sortir par le haut de l'entonnoir et très vite développer votre première réponse ou recadrer la question.

Jouez les non-dits

Contrairement aux recommandations que nous vous donnons pour mener à bien un débat coopératif, il est souvent utile dans le débat compétitif de jouer du « non-dit ». C'est un paralangage qui met à mal votre interlocuteur.

Créer le doute

L'objectif est de faire croire que votre interlocuteur n'est pas très net: « Je crois qu'il n'est pas nécessaire que nous parlions de certaines choses qui vous mettraient mal à l'aise… »
Laisser aux observateurs l'impression qu'il les trompe: « Vous savez comme moi que la vérité est ailleurs… »
Faire des procès d'intention: « Je sais que vous pensez que… »

Jouer la rumeur

Fausse ou vraie, peu importe, elle a un caractère de preuve. Elle n'est pas vérifiable, ni quantifiable: « Il n'y a pas de fumée sans feu. » Le seul fait d'émettre une rumeur la fait exister: « Tout le monde sait… »

Le contrepoint

Il permet de ne pas laisser passer un contre-argument sans rien dire. « Ah bon! », Vous croyez? », « C'est un scoop. » Le contrepoint déstabilise en coupant l'autre. Une onomatopée peut suffire: « Oh! Oh! »

La fausse compréhension

Donner l'impression de comprendre le contraire de ce qui vous a été dit déstabilise très facilement votre adversaire. Vous pouvez ainsi jouer les contresens: « Ah vous n'êtes pas pour le progrès et l'amélioration des conditions de vie? Excusez-moi, je n'avais pas compris! »

Jouez le recadrage

« Et si vous discutiez sérieusement, vous diriez quoi? » « Sans plaisanter maintenant qu'est-ce que vous pensez? » « Et si vous décidiez de dire la vérité? »

La fausse admiration.

« Alors là, bravo! Être à ce point à côté de la plaque doit demander un effort remarquable. »

Des figures de mots et de sens pour mieux débattre

Les figures de mots

- **Le calembour:** les homonymies peuvent troubler votre interlocuteur.
« Vos mots d'esprit sont des maux de tête. »

- **L'antanaclase:** le même mot est pris dans des sens différents (polysémie).
« Plus on vote (élections), moins on vote (participants). »

- **La tautologie:** c'est un outil vicieux que cette répétition du même mot qui clôt la discussion sans argumenter.
« La loi est la loi », « une femme est une femme ».

- **L'allitération:** répétition de sons, une façon d'enfoncer le clou par les mots et par les sons.
« La hargne, la grogne, la rogne… » (paronamase).

Les figures de sens

- **La métaphore:** analogie concrète dans un thème abstrait. Donne du poids à l'expression.
« Si vous avez une idée, mon cher, elle est orpheline! »

- **L'hyperbole:** joue l'exagération.
« J'ai des milliers d'exemples. »

- **L'oxymore:** l'utilisation de deux termes incompatibles.
« Vous êtes bien mal renseigné! », « Vous étranglez la démocratie. »

- **La litote:** peut vous servir à minimiser avec humour.
« Avec l'argent que vous avez emprunté au fisc… »

- **Le pléonasme:** répétition d'une même idée.
« Un doux euphémisme » est un pléonasme (puisque l'euphémisme adoucit déjà).

Le vidage de sac

Les conflits naissent des opinions, et des comportements vont pourrir au niveau des sentiments. Les opinions étant subjectives, il est difficile de partir sur un accord.
Faites deux colonnes.
Dans l'une, vous notez les faits. Il ne s'agit bien que des faits, vous devez tomber d'accord sur:

● Le fait: ne pas avoir serré la main.
« Vous avez sans doute raison, je ne vous ai pas serré la main. »
Acceptez le fait. Chacun fera plus facilement l'effort de comprendre le point de vue de l'autre, s'il accepte le fait.
Vous partirez ainsi sur un accord.

● L'opinion: « Vous avez fait comme si vous ne m'aviez pas vu », « Je ne vous ai pas vu! », « Allons donc, j'étais là! »
Dans l'autre colonne, vous notez les opinions. Là, il y a divergence. On peut maintenant en parler plus facilement. La séparation des faits et des opinions est capitale.

● Le sentiment: « Je suis vexé. » C'est ici que tout va pourrir. « La prochaine fois, je ne lui serrerai pas la main, il va voir… » Difficilement récupérable si on laisse faire!

LE DÉBAT
MODE D'EMPLOI

● **Le débat coopératif:**
- Souhaitez-le vraiment.
- Ouvrez sur les questions de façon positive.
- Ouvrez sous forme de pas de duel.
- Évitez de répondre au non-dit.
- Répondez à tous et non à un seul.

● **Votre comportement de débatteur coopératif:**
- Écoutez les autres.
- Tenez compte de leurs individualités.
- Relancez par des questions relais ou miroir.
- Prenez en compte les minorités.

● **Le débat compétitif: 5 principes:**
- Effet de loupe.
- Attribution de rôle.
- Principe de transfert.
- Principe de dénonciation.
- Principe de fermeture.

Des figures de pensée et de construction pour avoir raison

Des figures de pensée

- L'allégorie: deux sens, propre et figuré, suite de métaphores.
« Vous mettez la charrue avant les bœufs, vous avancez en marche arrière! »

- L'ironie: dites le contraire de ce que vous voulez dire pour railler.
« Vous parlez bien pour quelqu'un qui n'a rien à dire! »

- La prétérition: on dit qu'on ne dira pas et on le dit.
« Il est inutile de vous dire que votre raisonnement est absurde, irréaliste, folklorique… »

- Le dilemme: le faux choix.
« Vous ne voulez pas comprendre ou vous ne pouvez pas comprendre? »

- La prolepse: c'est se servir de l'argument de l'autre pour le lui retourner.
« Vous ne comprenez rien parce que… » - « Parce que vous expliquez mal! »

Les figures de construction

- Le sophisme: raisonnement faux, apparemment logique,
« Les courants d'air vous rafraîchissent, la vitesse crée le courant d'air, donc si vous avez trop chaud, courez très vite! »

- Le syllogisme: raisonnement déductif rigoureux sans sous-entendu. Une sorte de lapalissade en trois phases.
« Tous les hommes sont mortels (majeur), je suis un homme (mineur) donc je suis mortel (conclusion). »

- Le chiasme: c'est grâce à cette figure de répétition avec opposition que l'on peut retourner un argument.
« Pensez-vous réellement ce que vous dites? »
« Et vous, dites-vous réellement ce que vous pensez? »

- Le paradoxe: une façon de surprendre votre interlocuteur.
« Méfiez-vous de votre première impression… C'est la bonne! »

Conclusion sur la conclusion

L'orateur vient de lâcher le mot « conclusion ». Dans la salle, chacun se recale un peu sur son siège, les jabots se développent, les bustes avachis se redressent, les oreilles sont tout à coup plus ouvertes, les yeux moins somnolents, il y en a même qui prennent leur stylo… C'est un mot magique que ce mot « conclusion ».

Les conclusions sont souvent des compilations

L'animateur a déjà dépassé la durée qui lui était impartie. Alors, il s'acharne à faire entrer le maximum d'informations dans un minimum de temps. Pour ce faire, il a deux grands chausse-pieds: « Comme je vous l'ai déjà dit tout à l'heure… » et « Je vous rappelle que… » Tout en accélérant le mouvement, il passe en revue et au pas de course ce qu'il a eu tant de mal à délivrer en une heure…

« Je vous rappelle que pour bien communiquer, il faut d'abord écouter, partager avec l'autre c'est-à-dire mettre en commun, que pour faire passer une idée la forme et le relationnel sont importants. Rappelez-vous le degré de sympathie: 7 % seulement passent par le sens des mots. Le décodage du non-verbal vous sera d'une grande utilité. Et bla bla bla… et bla bla bla.

Une conclusion doit être courte

Rassurez-vous. Certains font court, très court, même un peu court puisqu'ils coupent court au cours de leurs paroles en lançant un: « En conclusion… je vois que je suis un peu juste, on en reparlera la prochaine fois, à bientôt! » Et ils plient leurs affaires… J'ai connu quelques profs qui étaient de cette engeance-là.

Une conclusion doit être ouverte

Ils considèrent qu'une conclusion, ça se ferme à double tour. Ils appellent cela « boucler », « verrouiller ». Ils n'ont rien à rajouter et, surtout, ils ne souhaitent pas que leurs auditeurs en rajoutent. Ce sont eux qui n'ouvrent jamais de débat pour ne jamais être contestés. Ce n'est plus de la compilation, c'est une compression de César!

Ceux qui ont tout compris

Ils ne disent pas « en conclusion ». Ils sont suffisamment « bons » pour être écoutés jusqu'au bout. Ils rappellent avec conviction les trois ou quatre points à retenir en priorité et finissent par « c'était ma conclusion! » au lieu du « voilà » traditionnel.

« Voilà! »

Voilà encore un mot qui verrouille la parole: « Voilà! » C'est une sorte de point final qui souvent prend des allures peu souhaitables tant il est connoté d'expressions non dites.

L'orateur finit de parler en disant: « Voilà! » Dans sa manière de le dire, il évoque un « je ne pouvais pas faire mieux! » qui ne le valorise pas vraiment.

Il y a des héros fatigués qui soufflent même deux « voilà voilà! » que vous pourriez traduire par: « Je n'ai plus rien à dire, je suis sec comme un hareng saur, j'ai tout donné. »

Certains orateurs poussent le raffinement jusqu'à y mettre un sentiment de désespoir, le genre de « voilà !!! » qui signifie que tout est dit et qu'il ne lui reste plus qu'à se pendre et vous avec.

Les faux jetons vous ajoutent un « j'espère que je ne vous ai pas ennuyés trop longtemps » et les matamores lancent leur « voilà » comme un « olé! j'ai fini ».

Quel que soit votre « voilà », supprimez-le!

Bibliographie

Voulez-vous en savoir plus?

Sur la communication

Abric J.C., 1996, *Psychologie de la communication*, Paris, Armand Colin.
Goffman E., 1973, *La mise en scène de la vie quotidienne*, Paris, Éditions de Minuit.
Goffman E., 1974, *Les rites d'interaction,* Paris, Éditions de Minuit.
Myers, 1984, *Les bases de la communication interpersonnelle,* Mc Graw-Hill.
Oger-Stefanink A., 1987, *La communication, c'est comme le chinois, cela s'apprend*, Paris, Rivages.
Piveteau J., Noye D., 1993, *Comment communiquer de façon efficace?*, Paris, Insep Éditions.
Richaudeau F., 1975, *Les secrets de la communication efficace*, Paris, Retz.
Rogers C., 1967, *Le développement de la personne*, Paris, Dunod.
Winkin Y., 1981, *La nouvelle communication*, Paris, Éditions du Seuil.

Sur le non-verbal

Birdwistell R.L, 1971, *Kinesics and context*, The Penguin press.
Bruyer R., 1990, *La reconnaissance des visages*, Neuchâtel.
Corrase J., 1980, *Les communications non verbales*, Paris.
Cosnie, B., 1977, *Communication non verbale et langage*, Psych. Med.
Cyrulnik B., 1988, *Le visage sens et contre-sens,* Eshel.
Ekman P., 1986, *Menteurs et mensonges*, Paris, Belfond.
Hall E., 1971, *La dimension cachée*, Paris, Seuil.
Huxley J., Coll. 1971, *Le comportement rituel chez l'homme et l'animal*, Paris, N.R.F.
Jousse M., 1974, *L'anthropologie du geste*, Paris, Gallimard.
Lorenz K., 1970, *Essais sur le comportement animal et humain*, Paris, Seuil.
Mehrabian A., 1972, *Non verbal Communication*, Aldine.
Morris D., 1978, *La clé des gestes*, Paris, Grasset.
Morris D., 1986, *Magie du corps*, Paris, Grasset.
Pease A., 1988, *Le langage du corps*, Paris, Nathan.
Picard D., 1983, *Du code au désir*, Paris, Dunod.
Rime B., 1984, *Langage et communication* (415-446), in *Psychologie sociale,* Moscovici et coll., Paris, P.U.F.
Scheflen A.E., 1972, *Body langage and social order*, Prentice-Hall.
Schutzenberge, A. A., 1978 *Contribution à l'étude de la communication non verbale*, Thèse Universitaire Paris VII, Librairie Champion.
Spiegel J. P., Machotka P., 1974, *Messages of body*, The free press.
Sulger F., 1986, *Les gestes vérité*, Paris, Sand.

Sur le jeu de dire

Cornut G., 1983, *La voix*, Paris, Que sais-je, n° 627.
Furet Y., 1975, *Savoir parler en toutes circonstances*, Paris, Retz.
Lequenne M., 1985, *Bien parler en public*, Paris, Les Éditions de l'Organisation.
Le Roy G., 1967, *Grammaire de diction*, Paris, La pensée moderne.
Le Roy G., 1968, *Traité pratique de diction*, Paris, La pensée moderne.